Jean-Claude

Intelligence Artificielle

Manuel de survie

Manuel de survie

© Science-eBook, Octobre 2017
http://www.science-ebook.com
ISBN 978-2-37743-000-0

Table

Épigraphe	9
Introduction	11
1. Qu'est-ce que l'IA ?	15
2. Histoire de l'IA	19
Préhistoire de l'IA	19
Le père de l'IA	24
La naissance de l'IA	28
L'âge d'or des systèmes experts	31
La revanche des neurones	34
3. Chronologie de l'IA	41
La préhistoire de l'IA	41
Années 1950 et 1960 – La naissance de l'IA	43
Années 1970 – Premier hiver de l'IA	46
Années 1980 – L'âge d'or des systèmes experts	47
Années 1990 et 2000 – Second hiver de l'IA	49
Années 2010 – L'âge d'or du Deep Learning	50
4. Les axes de recherche de l'IA	53
Agents intelligents et multi-agents	53
Algorithmes évolutionnaires	54
Apprentissage machine	54
Connexionnisme	54
Intelligence affective	55
Intelligence collective	55
Langage naturel	56
Raisonnement et résolution de problèmes	56
Logique floue et raisonnements incertains	56
Perception et vision par ordinateur	58

Planification 58
Représentation des connaissances 59
Réseaux de neurones 59
Robotique 60
Systèmes à base de connaissance 60
Traitement symbolique et logique 60
Vie artificielle 61

5. Les six formes d'IA 63

Niveau 1 – inférieure à l'humain 64
Niveau 2 – égale à l'humain 65
Niveau 3 – supérieure à l'humain 66
Niveau 4 – supérieure à tous les humains 66
Niveau 5 – générale 66
Niveau 6 – singularité 67

6. L'IA dans la culture pop 69

7. Les peurs liées à l'IA 79

La singularité technologique 79
Les conséquences de la singularité (version optimiste) 80
Les conséquences de la singularité (version pessimiste) 81
Le spectre des armes autonomes 82
L'IA va détruire l'emploi 84
Des IA sexistes et racistes 85
Les IA peuvent être détournées 86
Des boîtes noires 87

8. Huit idées reçues à propos de l'IA 91

Les IA sont meilleures que les humains 91
L'intelligence des IA est exponentielle 92
Les IA veulent nous remplacer 94
Une IA ne peut pas ressentir des émotions 95
Les IA ne seront jamais créatives 98
Les IA sont autonomes et apprennent toutes seules 99
Les IA sont conscientes 100
Les IA sont vivantes 103

9. L'éthique en IA 107

10. Citations sur l'IA   113

11. Glossaire de l'IA   121

12. Pour en savoir plus   159
    Lectures recommandées   159
    Références   159

« L'intelligence, c'est comme les parachutes,
quand on n'en a pas, on s'écrase. »

Pierre Desproges (1939-1988)

Introduction

Non, il faut vous faire une raison, vous ne pouvez pas lui échapper : l'Intelligence Artificielle est partout !

Il ne se passe pas une seule journée sans que les médias numériques ne se fassent l'écho de son avancée inexorable. Il faut dire que dans l'imaginaire collectif, l'IA est devenue un véritable mythe moderne, celui d'un progrès technologique tout-puissant qui va révolutionner le monde.

Pour les technoprophètes, il n'y a plus aucun doute : quelque soit le secteur dans lequel vous travaillez, l'IA va probablement le transformer, tout comme il y a plus d'un siècle, l'électricité a transformé industrie après l'industrie.

Certains vont plus loin et prédisent l'émergence prochaine d'une super-intelligence qui surpassera l'intelligence humaine en tous points. Cette divinité prendra alors le contrôle de la destinée humaine : pour le meilleur, selon les adeptes du transhumanisme ; pour le pire, selon certaines personnalités, comme Stephen Hawking, Elon Musk ou encore Bill Gates, qui voient là l'une des plus grandes menaces qui pèsent sur l'humanité.

Malgré les tentatives de retour à la raison de nombreux scientifiques, rien n'y fait. Les articles aux accents prémonitoires se succèdent et s'empilent sur la toile. Le moindre événement dans le microcosme IA devient aussitôt un argument de plus qui étaye la thèse d'une singularité technologique en croissance exponentielle.

Dans cet imbroglio où l'esprit le plus raisonnable est à la merci des propos les plus fantaisistes et aux confusions les plus fâcheuses, il est urgent – on n'est jamais trop prudent – d'adopter une stratégie de survie. Celle que nous proposons est en quatre étapes :

Étape 1 : admettre l'existence de l'IA

La technique dite de l'autruche est de loin la plus mauvaise. Il faut, au contraire, admettre que l'IA existe et qu'elle est bien présente. Elle ne se cache pas dans les obscurs laboratoires de quelques savants fous. En effet, elle est déjà à l'œuvre dans de nombreuses applications que vous utilisez tous les jours.

Étape 2 : reconnaître la présence de l'IA

Si l'IA est déjà présente dans votre quotidien, il vous faut savoir la reconnaître. Mais, il n'est pas si facile de déterminer sa présence dans certains cas. Pour cela, il n'y a qu'une seule solution : vous devez tout savoir à son propos.

Étape 3 : apprendre tout ce qu'il faut savoir sur l'IA

Cette étape est déterminante. Elle est l'objet même de ce livre. Il n'a pas été écrit pour les spécialistes, mais pour tous ceux qui veulent comprendre l'IA et, surtout, se faire leur propre idée sur ses avancées, mais aussi sur ses enjeux économiques, sociétaux et éthiques. Il comprend une définition claire de ce qu'est l'IA et de ses principaux axes de recherche, son histoire avec une chronologie des événements qui l'ont marqué, sa représentation dans l'imaginaire, un recueil des citations de nombreuses personnalités, les dangers potentiels de l'IA, les idées reçues à son propos. Il comprend aussi un glossaire de tous les principaux termes de ce domaine avec, à chaque fois, une explication simple. Enfin, il termine par une liste d'ouvrages recommandés et les références des articles incontournables.

Ce livre n'est pas écrit pour être lu une fois, puis abandonné quelque part. Il a été écrit comme un livre de référence qui peut être consulté « à la demande » pour comprendre un sujet ou un terme particulier. Il ne peut évidemment être exhaustif, mais il vous rendra incollable dans toutes les situations, personnelles ou professionnelles, où il sera question de l'IA.

Étape 4 : choisir votre camp

Comme l'ont suggéré Nathalie Rens et Juxi Leitner, dans un récent article (*The Conversation* 2017), vous n'avez guère que deux solutions : (1) être « contre » et entrer en résistance, ou bien (2) être « pour » et coopérer en espérant être épargné.

Choix (1) : résister

La seule solution pour se sentir à l'abri est de limiter au maximum les interactions avec tout ce qui peut avoir une relation avec l'IA. Il vous faut donc, avant qu'il ne soit trop tard, fermer vos comptes Facebook et autres Twitter, ne plus utiliser Google ni aucun autre logiciel d'ailleurs. En fait, pour être certain, le mieux serait de jeter immédiatement tout ce qui ressemble de près ou de loin à un ordinateur, téléphone mobile, console de jeux, box Internet y compris. Et si vous souhaitiez acheter une nouvelle voiture, oubliez cette idée saugrenue et contentez-vous de votre vieille guimbarde polluante au moteur fatigué.

Évidemment, pour ceux qui doivent utiliser un ordinateur dans le cadre de leur activité professionnelle, cela va être plus difficile. Pour éviter d'être viré sans aucune circonstance atténuante, il est préférable en effet de ne pas jeter par la fenêtre tout l'équipement informatique de l'entreprise. Au lieu de cela, vous pouvez opter pour une action plus sournoise qui consiste à saboter systématiquement toutes les tentatives d'utilisation de l'IA. Comment faire ? Rien de plus simple. L'IA étant très dépendante des données qu'on lui fournit, introduisez des erreurs et des biais. Rapidement, la productivité de l'entreprise devrait chuter drastiquement, ce qui entraînera l'abandon de l'IA, et votre licenciement, mais on n'obtient rien sans sacrifice.

Choix (2) : coopérer avec l'IA

À l'instar des révolutions industrielles précédentes, vous n'êtes certainement pas le seul à vous questionner à propos du changement que va provoquer l'IA. L'histoire montre qu'il est généralement plus bénéfique de tirer parti du progrès plutôt que de s'y opposer.

L'IA possède un grand potentiel pour nous aider à résoudre des problèmes complexes dans tous les domaines, en particulier dans ceux de la santé et de l'éducation, dynamiser les entreprises et rendre meilleur notre quotidien. Toutefois, comme pour toute technologie disruptive, son utilisation doit être éthique, en écartant les applications qui détruisent des vies et en favorisant celles qui donnent la vie ou l'améliorent.

Note :

L'auteur décline toute responsabilité en cas d'application directe ou indirecte de cette stratégie de survie, surtout si elle conduit le lecteur, totalement dénué d'humour, à se retrouver à élever des chèvres ou bien perdre son emploi après avoir délibérément corrompu les données de son entreprise.

1

Qu'est-ce que l'IA ?

Le terme « Artificial Intelligence », soit « Intelligence Artificielle » en français, fut proposé pour la première fois par John McCarthy en 1955, professeur au MIT et l'un des pères fondateurs du domaine. En anglais, l'abréviation est AI, que l'on prononce « AYE-EYE » avec, si possible, un accent californien pour montrer que l'on maîtrise parfaitement le sujet. Évitez donc de dire « A.I. » à la française si vous voulez être pris au sérieux. Je vous conseille de dire simplement « I.A. » en prononçant distinctement les deux lettres : « I – A ».

L'INTELLIGENCE ARTIFICIELLE EST LE CONTRAIRE
DE LA BÊTISE NATURELLE...ET RÉCIPROQUEMENT.

© Jean-Claude Heudin 2017

Quoi qu'il en soit, l'IA est donc avant tout une discipline scientifique dont l'objet est la création de systèmes intelligents, comme l'avait défini en 1956 Marvin Minsky

(1927-2016) : « La science dont le but est de faire réaliser par une machine des tâches que l'homme accomplit en utilisant son intelligence. »

D'autres définitions alternatives ont été proposées ensuite, comme par exemple :

- L'étude des systèmes qui perçoivent leur environnement et décident d'actions qui maximisent leur chance de succès pour un objectif donné.

- L'ensemble des théories et de techniques mises en œuvre en vue de réaliser des machines capables de simuler l'intelligence.

- Le domaine de l'informatique qui s'intéresse à la simulation de comportements intelligents sur un ordinateur.

- La simulation des processus de l'intelligence humaine par une machine.

Et bien d'autres variantes encore...

Personnellement, j'interprète les deux termes « Intelligence » et « Artificielle » au sens large. L'intelligence fait référence à un ensemble de processus mentaux qui se traduisent par l'adaptation d'un individu dans son environnement. L'aspect artificiel, quant à lui, signifie que ces processus sont réalisés par un dispositif élaboré par l'homme. Cette interprétation plus ouverte ne se limite donc pas en théorie aux systèmes informatiques et aux seules capacités intellectuelles humaines. Il est en effet courant de limiter la portée de l'IA, alors que son objet est bien plus vaste, en s'étendant en particulier aux comportements intelligents qu'ils soient d'origines humaine, animale, individuelle ou collective et même parfois végétale ou minérale. Certes, la part des programmes informatiques reproduisant les capacités intellectuelles typiquement humaines est la plus importante, mais elle ne représente pas la totalité du domaine.

Dès la naissance effective de l'IA, en 1956, l'utilisation de ces termes a suscité de vives polémiques. Ils ont été qualifiés de vagues, non scientifiques, abusifs, inutilement provocateurs et faisant référence à un objectif de recherche peu clair et surtout irréaliste. De ces querelles intestines sont nées de nombreuses citations comme « l'intelligence artificielle est l'inverse de la bêtise naturelle » ou bien encore « mieux vaut une intelligence artificielle que pas d'intelligence du tout » (*Artificial Intelligence is better than none*), le slogan d'un fabricant de machines IA dans les années 1980.

JE ME SOUVIENS ENCORE DE L'ÉPOQUE OÙ J'ÉTAIS PLUS INTELLIGENT QUE MON SMARTPHONE !

© Jean-Claude Heudin 2017

Outre le nom de la discipline, le terme d'IA est également employé pour signifier la capacité d'un ordinateur, d'un robot, ou plus généralement d'une machine, à imiter les comportements intelligents des humains. Par extension, on appelle IA les programmes qui réalisent des opérations analogues au raisonnement, à l'apprentissage ou la prise décision.

Les films de science-fiction à grand spectacle ont

popularisé les IA sous la forme de superordinateurs dotés de conscience et de créatures artificielles, virtuelles ou robotique. L'IA la plus emblématique est sans aucun doute HAL 9000, le superordinateur embarqué à bord du vaisseau spatial *Discovery* dans le film de Stanley Kubrick (1928-1999) : *2001, l'Odyssée de l'espace* en 1968.

Certains ont proposé il y a quelques années de redéfinir l'acronyme IA comme « Intelligence Augmentée » en argumentant sur la nécessité de maintenir l'humain dans les boucles décisionnelles, ou bien encore « Informatique Avancée » élargissant ainsi le domaine à toutes les innovations en informatique.

Il reste néanmoins que, malgré ses inconvénients, le terme d'intelligence artificielle est historiquement celui qui a été retenu par les fondateurs de cette jeune discipline et qu'il est connu et compris en tant que tel par une très grande majorité de personnes aujourd'hui.

2

Histoire de l'IA

Préhistoire de l'IA

Lorsque l'on réfléchit aux racines les plus anciennes de l'IA, on en vient immanquablement à évoquer les premiers stades du calcul, celui-ci étant considéré en tant qu'activité cérébrale *a priori* strictement humaine. Comme pour l'écriture, cette histoire a donc pris naissance au néolithique avec les nécessités liées aux premiers échanges commerciaux. Plus qu'une invention de quelques individus particulièrement imaginatifs, ce fut donc plutôt une demande forte de l'environnement social et économique qui a soutenu les progrès du calcul artificiel.

La très grande majorité des civilisations semble avoir utilisé la main comme premier outil. D'abord les doigts, puis toutes les parties de la main étaient mis à contribution. Le principal problème de cette façon de calculer, outre ses limitations évidentes, était son incapacité à mémoriser les résultats. De ce fait, assez rapidement, le comptage à l'aide de cailloux, d'entailles dans un morceau d'os ou de bois, de cordelettes nouées, débouchait sur les véritables outils de calcul qu'étaient l'abaque et le boulier. Bien qu'assez simples, ces dispositifs étaient très efficaces et ils ont été utilisés pendant plusieurs siècles. Le boulier, d'origine chinoise, est encore largement utilisé en Asie d'ailleurs.

Le calcul est certes une capacité intellectuelle typiquement humaine, mais elle n'est pas gratifiante. Le problème vient de ce que le calcul « à la main » est lent, pénible et surtout fastidieux, car répétitif. Lorsque les calculs deviennent trop longs, la frustration et l'ennui arrivent rapidement, source d'erreurs. Compter et recompter pour vérifier n'étant pas une tâche très intéressante, il fallait donc trouver des dispositifs permettant de la simplifier. Cette volonté a aussi été nourrie par la nécessité grandissante de permettre à des personnes ne sachant pas calculer de pouvoir effectuer néanmoins des opérations arithmétiques. Grâce à une machine, il devenait en effet possible d'effectuer des calculs, sans avoir une connaissance de l'arithmétique. Il suffisait de savoir composer les opérations et de lire les résultats. Il est vraisemblable que beaucoup de marchands ont été dans cette situation.

La préhistoire de l'IA tend donc à se confondre avec celle des machines à calculer. Nous n'allons pas retracer ici l'ensemble de cette histoire, mais plutôt fixer quelques points de repère.

Très longtemps sujet de tabou et de superstition, la reproduction mécanique du calcul allait pourtant peu à peu s'imposer. L'un des premiers à envisager une utilisation dépassant celle du calcul arithmétique fut Raymond Lulle (1235-1315). *Raimundus Lullus* a été l'un des esprits les plus brillants et les plus controversés du Moyen Âge. Pour l'Inquisition, il était hérétique, alors que pour l'école franciscaine, il était un saint. Aujourd'hui, il apparaît comme un penseur mystique à l'intersection des cultures arabe, juive et chrétienne. Il a obtenu une reconnaissance grâce à sa doctrine *Ars Magna* : le « Grand Art ». Lulle pensait qu'il existait dans chaque domaine de la connaissance quelques principes fondamentaux, en petit nombre, qui pouvaient être postulés sans question ni explication, comme des axiomes en mathématiques. Il proposa donc de combiner tous ces principes élémentaires à l'aide d'une machine composée de plusieurs cercles concentriques. Il sélectionna ainsi plusieurs concepts fondamentaux comme « Dieu », « négation », « réel », « opposé », « début » et « fin », qu'il disposa sur le pourtour d'un cercle, puis sur un second cercle et ainsi de suite. Les cercles étaient mobiles et une simple rotation relative permettait de créer de nouvelles combinaisons : les vérités conceptuelles. Lulle avait découvert une forme simplifiée de ce que l'on appelle en logique formelle un système de production. Il est, de ce fait, souvent considéré comme le précurseur de la logique combinatoire déductive pour conduire des raisonnements automatiques. Ceci dit, son but était tout autre : le prosélytisme de Lulle était tel qu'il n'hésita pas, à plusieurs reprises, à passer de l'autre côté de la Méditerranée pour tenter de convertir les musulmans. Par le jeu des combinaisons de sa machine, il souhaitait pouvoir réfuter les arguments des infidèles et, par la force de la seule raison triomphante, les convertir : « Cet Art a pour finalité de répondre à toute question. » Lulle fut très controversé, en particulier par Descartes pour qui son art servait plus « à parler, sans jugement [de choses] qu'on ignore, qu'à les apprendre. » Jean-Jacques Rousseau porta ensuite un jugement semblable en parlant de « l'art de Raymond Lulle pour apprendre à babiller de ce qu'on ne sait point. »

Il semble que l'illustre Léonard de Vinci (1452-1519) ait tenté, lui aussi, de mécaniser le calcul, bien que ce point soit toujours l'objet de polémiques. En effet, en février 1967, des chercheurs découvraient plusieurs documents jusqu'à lors inconnus à la Bibliothèque Nationale de Madrid. Ces manuscrits auraient été « rangés » de façon inadéquate jusqu'à ce qu'ils soient redécouverts. En rapprochant ces documents d'un dessin similaire du *Codex Atlanticus*, Roberto Guatelli, un expert renommé pour ses reconstitutions des machines de Léonard de Vinci, montra qu'il s'agissait probablement d'un dispositif mécanique de calcul qu'il baptisa le *Codex Madrid* et dont il réalisa une reconstitution en 1968. En fait, les principales objections étaient de nature à ne pas considérer le dispositif comme une véritable machine à calculer, mais plutôt comme une machine plus simple, juste capable d'effectuer des pourcentages. De plus, sans les améliorations apportées par Roberto Guatelli et ses collègues, elle n'aurait jamais fonctionné à cause des frictions inhérentes à la conception originale de Léonard de Vinci. Depuis le décès du chercheur en 1993, il n'y a plus de trace ce qu'est devenue la machine, si ce n'est son apparition dans une exposition organisée par la société IBM.

La véritable transition entre le boulier chinois et les premières machines à calculer mécaniques a vraisemblablement été effectuée par John Neper (1550-1617). Ce mathématicien écossais, célèbre pour la découverte des logarithmes mettait au point pour la première fois une méthode pour effectuer mécaniquement les opérations de multiplication, de division et d'extraction de racines carrées. Le dispositif consistait en une table donnant les multiples successifs, dont chaque colonne était une réglette indépendante qui pouvait être juxtaposée avec une autre réglette de manière à procéder aux calculs.

La mécanisation du calcul est donc devenue au fil du temps un véritable enjeu pour répondre aux besoins grandissants de la société. À l'époque où la pensée mécaniste prenait son essor, il n'est pas étonnant qu'en parallèle des automates des maîtres horlogers, certains scientifiques aient entrepris la réalisation de machines à calculer de plus en plus sophistiquées.

Bien qu'elle ne soit pas en pratique la première machine à calculer, la *Pascaline* a néanmoins marqué une étape importante. En 1642, alors qu'il n'avait que dix-neuf ans, Blaise Pascal (1623-1662) commença la conception d'une machine arithmétique afin d'aider son père dans sa lourde tâche de comptabilité fiscale. Elle se présentait comme une élégante boîte rectangulaire en laiton assez compact. Elle était capable d'effectuer des additions, des soustractions et même des multiplications et divisions, mais au prix de nombreuses interventions. Pascal déclarait à son propos : « La machine arithmétique fait des effets qui approchent plus de la pensée que tout ce que font les animaux. » Produites en seulement quelques exemplaires à cause de son coût élevé et de sa fiabilité relative, elles étaient plutôt destinées à une clientèle fortunée et amatrice de curiosités.

Une autre étape importante est due à Charles Babbage (1792-1871). Avec le développement de l'industrialisation au

XIXe siècle, les besoins en calcul allaient croissant. Babbage était un scientifique anglais prolifique qui inventa plusieurs principes de calculateurs mécaniques, dont la *machine analytique* qui préfigurait sur de nombreux points l'avènement de l'ordinateur. Il en commença sa conception en 1835, aidée par Ada Lovelace (1815-1852), mais malheureusement, il ne la termina jamais à cause de son perfectionnisme maladif et d'une complexité sans précédent. En dépit de cela, l'avancée conceptuelle des travaux de Babbage changea radicalement la vision que l'on avait du calcul artificiel : on passait de la machine arithmétique au « cerveau mécanique » dont avait certainement rêvé Pascal. La plus élaborée des machines de Charles Babbage, bien que très performante, avait plusieurs limitations. L'une d'entre elles était que les résultats des calculs ne pouvaient pas rétroagir sur les opérations à effectuer. L'autre était la complexité engendrée par le choix du calcul décimal, tout comme la Pascaline.

© Jean-Claude Heudin 2017

Bien que la découverte du « binaire » soit bien antérieure, il fallut néanmoins attendre les travaux du mathématicien George Boole (1815-1864) pour que l'on comprenne la portée universelle d'une logique à deux valeurs, zéro et un, et son application pour concevoir des machines numériques rapides et fiables. Notons que, là encore, l'algèbre booléenne n'avait pas été formulée par son créateur dans un quelconque but technologique, mais pour tenter de dévoiler «les lois ultimes des opérations de l'entendement et de la pensée» (Boole 1854).

Dans la lignée des grands projets de calculateurs qui suivirent, l'ENIAC (*Electronic Numerical Integrator And Computer*) était une machine réellement impressionnante. Conçue de 1943 à 1945 par John Eckert (1919-1995) et John Mauchly (1907-1980), elle fut présentée d'emblée comme le «cerveau électronique» le plus performant de tous les temps. Cette machine, qui pesait trente tonnes et occupait soixante-douze mètres carrés, comprenait 18 000 tubes à vide qui consommaient près de 200 kilowatts. La complexité sans précédent de ce calculateur, avec ses milliers de composants et l'intrication de ses connexions, constituait dès lors une métaphore inévitable du cerveau.

Le père de l'IA

Si les «cerveaux électroniques» des années 1940 ont connu un développement important, c'est qu'ils ont joué un rôle crucial pendant la Seconde Guerre mondiale.

En effet, la Grande-Bretagne dépendait beaucoup des approvisionnements extérieurs : il fallait importer 30 millions de tonnes de marchandises environ par an, or les sous-marins allemands coulaient près de 200 000 tonnes par mois. On comprend donc l'importance stratégique que revêtait le décodage des messages ennemis. Devant ce challenge, le service de déchiffrement anglais fit appel à ses meilleurs mathématiciens. Parmi eux, un certain Alan Turing (1912-1954) travaillait sur des méthodes de décryptage et sur la conception des calculateurs capables de les exécuter. On peut se demander quelle aurait été l'issue du conflit sans cette épopée technologique longtemps restée secrète. Mais, à côté de ces faits, Alan Turing allait devenir l'une des personnalités clés de l'histoire de l'informatique naissante et de l'IA.

Le jeune Turing était un enfant doué, mais doté d'un

solide esprit de contradiction. Il montrait en effet un dédain pour les cours qui ne l'intéressaient pas, ce qui ne l'empêchait pas de passer brillamment ses examens. Turing se passionnait pour les mathématiques et il obtint ainsi plusieurs récompenses ainsi qu'une bourse lui permettant de poursuivre ses études. À moins de vingt-trois ans, Turing devint *Fellow* de l'université de Cambridge, premier sur quarante-six candidats. En septembre 1936, il partit à Princeton afin de rejoindre Alonzo Church (1903-1995), dont les travaux sur le *Lambda Calcul* auront ensuite des implications importantes en informatique et en IA (Church 1941). Il obtint son doctorat deux ans et demi plus tard, puis il rentra en Angleterre. Comme nous l'avons déjà évoqué, Alan Turing passa toute la période de la guerre à travailler sur le chiffrement à *Bletchley Park*. Il joua également un rôle d'interface entre les services britanniques et américains lors de missions qu'il effectua aux États-Unis en 1942 et 1943. C'est lors de ces voyages qu'il rencontra Claude Shannon (1916-2001) aux Bell Labs, fondateur de la théorie de l'information et inventeur du fameux « bit » définissant l'unité d'information de tous les ordinateurs (Shannon 1948). Comme Turing, Shannon était passionné par les cerveaux artificiels. Ils en discutaient fréquemment ensemble. Lors d'un repas, Turing expliqua « qu'il ne voulait pas simuler un cerveau puissant, mais plutôt un cerveau médiocre, par exemple celui du président d'ATT » ce qui jeta un froid dans l'assistance. Il participa aux travaux sur le codage de la voix puis, en mars 1943, de retour en Angleterre, il supervisa jusqu'à la fin 1944 le projet Dalila basé sur un échantillonnage de la parole suivant la théorie de Shannon, tout en continuant à travailler sur les problèmes de décryptage. À partir de 1945, il participa à plusieurs projets de calculateurs dont *l'Automatic Computing Engine* (ACE) et la *Baby Machine* à l'université de Manchester. Turing devint membre de la Royal Society en mars 1951 et, dès lors, il se consacra totalement à ses travaux théoriques sur les cerveaux artificiels qui l'avaient toujours passionné. Il disparut en juin

1954 à l'âge de quarante-deux ans de façon restée longtemps énigmatique, dans un contexte de fait divers dramatique.

Parmi ses travaux les plus importants, Alan Turing proposa le principe d'une «machine universelle» pour résoudre le problème de Hilbert relatif à la consistance de l'arithmétique et à l'origine de nombreuses recherches sur la question de la décidabilité (Turing 1937). Bien que simple à première vue, la *machine universelle de Turing* formalisait le principe d'un ordinateur et, du même coup, rendait envisageable la conception d'une machine intelligente. Écrits à trois ans d'intervalle, deux articles prophétiques d'Alan Turing annonçaient ensuite l'avènement d'une discipline destinée à programmer des machines intelligentes.

Le premier article, intitulé *Intelligent Machinery*, a été écrit en 1947 (Turing 1947). Turing y réfutait les principaux arguments contre la possibilité de créer un cerveau artificiel, puis, à partir d'une analogie entre la structure des machines et le cerveau humain, il aboutissait à une structure composée d'automates élémentaires connectés aléatoirement qu'il appelait une «machine inorganisée». Il proposait ensuite des expérimentations susceptibles d'organiser ce substrat de «cellules», en particulier grâce à un système de «plaisir-douleur». Il concluait son article sur le caractère émotionnel de l'intelligence. À la fin de son article, il mettait l'accent sur la difficulté à évaluer l'intelligence. Il proposait alors un subterfuge : un joueur d'échecs jouant par l'intermédiaire d'un «terminal» et un second qui, de temps à autre, serait substitué par une machine. Dans cette évaluation, la machine était donc d'autant plus intelligente que le premier joueur éprouvait des difficultés.

Trois ans plus tard, en 1950, Alan Turing reprit cette idée en poussant plus loin son raisonnement. Dans cet article, intitulé *Computing Machinery and Intelligence* (Turing 1950), il débutait par la question : «Est-ce que les machines peuvent penser ?» Ce texte représente le véritable acte de naissance de l'intelligence artificielle. Alan Turing quittait la visée systémique de son précédent article, sans doute portée par l'engouement que suscitait la cybernétique dans le monde scientifique de l'époque, pour se consacrer à une approche strictement comportementale. Reprenant son idée de test où il l'avait laissée en 1947, il en proposait alors une version plus aboutie : le « jeu de l'imitation », qui sera plus connu par la suite sous le vocable de *test de Turing*. En voici succinctement le principe. Le test faisait intervenir un homme, un ordinateur et un examinateur. Ils ne pouvaient communiquer entre eux qu'au travers d'un dispositif de communication, afin d'éliminer toute perception directe. L'examinateur posait une série de questions alternativement à l'homme et à l'ordinateur sans savoir à qui il s'adressait. Si l'examinateur ne pouvait distinguer l'homme de la machine au travers de leurs réponses, alors Turing en concluait que la machine était dotée d'une intelligence équivalente à celle de l'homme.

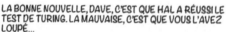

© Jean-Claude Heudin 2017

Il transposait ainsi la question « une machine peut-elle penser ? » en « peut-on imaginer une machine qui jouerait correctement au jeu de l'imitation ? » S'appuyant sur les résultats de la machine universelle qui pouvait théoriquement exécuter n'importe quel programme, il en concluait une série de questions purement techniques : comment accroître la capacité mémoire des machines ? Comment accélérer leur vitesse de calcul ? Comment les programmer pour obtenir de l'intelligence ? Cette dernière question recouvrait déjà les grandes lignes du futur projet de l'intelligence artificielle.

La naissance de l'IA

Avec Alan Turing, les ordinateurs n'étaient plus de simples machines à calculer, elles devenaient des machines universelles capables de tout simuler, y compris l'intelligence humaine. Alors que les grands calculateurs d'après-guerre étaient présentés au public comme des cerveaux artificiels, une discipline issue de la logique formelle émergeait pour tenter de leur fournir l'intelligence. Après la décennie des années 1940, marquée par la cybernétique, les années 1950 voyaient naître un nouveau projet, ambitieux pour les uns, utopique pour les autres : celui de l'IA.

En 1953, Claude Shannon avait recruté deux jeunes assistants aux Bell Labs : Marvin Minsky et John McCarthy. Assez rapidement, Minsky entra au Massachusetts Institute of Technology (MIT) et McCarthy au Dartmouth College avant de rejoindre lui aussi le MIT. Trois années plus tard, en 1956, McCarthy organisa un atelier d'été avec Claude Shannon, Marvin Minsky, Nathan Rochester (1919-2001), Allen Newell (1927-1992) et Herbert Simon (1916-2001) entre autres. Il appela cette conférence *The Dartmouth Summer Research Project on Artificial Intelligence*. Le projet de l'IA, imaginé six ans plus tôt par Alan Turing, était officiellement né (McCarthy 1955).

Le projet de l'IA fut critiqué dès le départ, car il rompait avec la cybernétique encore en vogue. En effet, il proposait de donner de l'intelligence aux machines en abandonnant toute tentative de compréhension des phénomènes neurologiques et en renonçant à toute modélisation des phénomènes sous-jacents. La principale intuition qui s'imposait était que l'intelligence était tellement proche de ce qu'est un ordinateur, que la « cognition » pouvait être définie par la « computation », autrement dit le traitement de représentations symboliques du monde. En outre, l'engouement provoqué par les premières annonces et leurs interprétations simplificatrices transformaient le projet en une véritable utopie. Herbert Simon déclara en 1957 que dans les dix années suivantes un ordinateur serait le champion du monde d'échecs, qu'il découvrirait et prouverait un théorème mathématique important, qu'il écrirait de la musique considérée par les critiques comme esthétique, que les thèses de psychologie auraient la forme d'un programme informatique. Les termes eux-mêmes « intelligence artificielle » était à la fois évocateur et provocateur.

L'acte de naissance fut précédé d'une réalisation concrète : le programme *Logic Theorist Machine* (LTM) développé par Allen Newell, Herbert Simon, avec l'assistance de John Shaw (1922-1991) (Newell 1957). Le programme LTM était basé sur un langage de programmation créé pour l'occasion et baptisé *Information Processing Language* (IPL). Il fut le premier langage informatique manipulant des listes, ce qui inspira John McCarthy pour la création du langage Lisp. LTM était un programme de démonstration de théorème. Il partait d'une base de formules mathématiques sur laquelle il appliquait des règles de transformation sur le principe de la logique des propositions. La répétition de cette procédure aboutissait à une structure arborescente de conclusions en forme d'arbre de recherche. Son exploration à partir de règles empiriques appropriées permettait de sélectionner la branche de l'arbre la plus susceptible de conduire à une solution correcte. Le programme démontra 38 des 52 théorèmes du second chapitre des *Principia Mathematica* de Bertrand Russel (1872-1970) et Alfred Whitehead (1861-1947). L'un des théorèmes était même démontré de façon plus élégante. Pour marquer cet événement, Allen Newell et Herbert Simon proposèrent la publication de cette démonstration dans le prestigieux *Journal of Symbolic Logic* en faisant de LTM un cosignataire, mais l'article fut finalement refusé.

Le principe utilisé par LTM était basé sur le *Modus Ponens*, le plus connu des syllogismes des philosophes stoïciens. Il peut s'exprimer de la façon suivante : si vous avez A vrai et l'expression « A alors B » également vraie, alors vous avez aussi B vrai. Autrement dit, le *Modus Ponens* est une règle logique qui, une fois appliquée, permet des déductions comme l'exemple célèbre : « Si Socrate est un homme Et si un homme est mortel Alors Socrate est mortel ».

Si le problème à résoudre est de taille limitée, avec peu d'axiomes et de règles, alors le système en déduit toutes les conclusions possibles de manière purement mécanique. Mais si la combinatoire devient très importante, il devient alors impossible d'explorer toutes les possibilités dans un temps raisonnable. Dans ce cas, il faut introduire des *heuristiques* qui vont écarter des pans entiers de cas possibles, les branches qui ne semblent pas *a priori* intéressantes. Le terme heuristique provient du grec *heuriskein* qui signifie l'art de trouver. Il s'agit en fait d'utiliser des connaissances sur le problème, qui vont permettre de se focaliser sur les cas les plus prometteurs en écartant les autres. Ainsi, ce fut l'introduction de ces heuristiques, véritables connaissances empiriques sur un problème à traiter, qui démarqua l'IA des techniques déjà connues en logique formelle.

Une dizaine d'années plus tard, en 1966, un professeur du MIT, Joseph Weizenbaum (1923-2008), développa un programme d'intelligence artificielle original appelé *Eliza* (Weizenbaum 1966). Ce programme simulait les questions que pose un psychiatre dans une thérapie non directive. Eliza donnait l'impression d'un véritable dialogue avec un patient, approfondissant ses propos et motivant de nouvelles réponses, comme pour lui faire prendre conscience de ses problèmes. On raconte que certains étudiants utilisés comme « cobayes », furent très impressionnés et même certains perturbés par leurs conversations. Malgré la relative simplicité du programme, basé essentiellement sur la recherche de mots clés auxquels sont associées des réponses préétablies, Eliza fit sensation. À partir de là, certains chercheurs imaginèrent qu'en concevant des programmes beaucoup plus sophistiqués, avec un très grand nombre de règles, ils approcheraient de près l'objectif de Turing.

L'âge d'or des systèmes experts

Les années 1950 marquent le premier âge d'or de l'IA, celui des précurseurs. Toutefois, malgré des progrès significatifs, les résultats n'étaient pas aux rendez-vous des espérances suscitées par les prédictions débridées des premières années. La période allant *grosso modo* de 1960 jusqu'à la fin des années 1970 voyait l'engouement à propos de l'IA retomber progressivement. Ce fut à proprement parler, le premier « hiver » de l'IA.

Cette période correspondait cependant au développement des principaux langages de l'informatique. L'IA ne fut pas en reste avec deux langages très différents qui allaient fédérer deux grandes communautés de chercheurs : Lisp et Prolog.

Entre 1956 et 1958, John McCarthy travaillait sur la création du langage Lisp, un acronyme de *LISt Processor*. Il avait accès pour cela à une machine IBM 704 fournie par IBM au *New England Computation Center* du MIT pour le développement du projet *Formula Translator*, plus connu sous le nom de Fortran. McCarthy pensait que ce langage n'était pas adapté à l'IA, en particulier à cause de la difficulté à y représenter des listes. En effet, la représentation de données complexes s'effectue plus simplement sous la forme d'arbres de recherche et ces structures sont codées en pratique par des listes de symboles représentant des concepts ou des objets. En outre, McCarthy s'intéressait à l'approche formelle du *Lambda calcul* d'Alonzon Church (Church 1941), qui définissait le calcul fonctionnel et les fonctions récursives. De par sa pureté formelle, le langage Lisp remporta un vif succès auprès de la communauté scientifique et devint une référence pour les chercheurs en IA (McCarthy 1958, 1960). À partir de là, de très nombreuses versions du langage Lisp furent développées partout dans le monde jusqu'à la fin des années 1980.

Si Lisp était d'origine américaine, le langage Prolog fut,

quant à lui, développé quelques années plus tard en France. Ses concepteurs, Alain Colmerauer et Philippe Roussel, l'ont créé à Marseille au début des années 1970. Prolog, une abréviation de « programmation en logique », est né d'un projet un peu fou, comme la plupart des projets liés à l'IA à cette époque : réaliser un système de communication en langage naturel avec une machine (Colmerauer 1992). En 1973, une version définitive du langage fut conçue avec toutes ses caractéristiques : une programmation déclarative sous la forme de clauses, un système de résolution intégré au langage, une formalisation proche de la théorie des prédicats.

Dans les années 1970, les sources de financements qui alimentaient la recherche en IA étaient majoritairement d'origine militaire du fait de la guerre froide persistante. Mais les résultats en résolution de problème ou en traduction automatique restaient très limités, voire inexistants. D'autre part, les chercheurs se heurtaient au problème des applications réelles où les heuristiques ne se résumaient pas à quelques principes généraux, mais faisaient appel à un corpus important de connaissances spécialisées. Certains chercheurs s'orientèrent alors vers d'autres voies, en particulier vers la création de programmes déductifs inspirés par les démonstrateurs de théorèmes, mais appliqués à des domaines très spécifiques. L'idée était d'utiliser un système à base de connaissance, constitué de règles et de faits, afin de simuler le raisonnement d'un spécialiste du domaine. En d'autres termes, il s'agissait de « mettre en boîte » une expertise, d'où l'appellation de « système expert ».

L'ancêtre des systèmes experts fut développé à l'université de Stanford au début des années 1970. L'objectif consistait à réaliser un programme d'analyse de la structure chimique de matériaux à partir de spectrographie de masse et de résonance magnétique nucléaire. L'équipe était composée d'Edward Feigenbaum, Bruce Buchanan, Joshua Lederberg (1925-2008), Prix Nobel de médecine en 1958, et un chimiste de renom, Carl Djerassi (1923-3015), le père de la pilule contraceptive. Ensemble, ils formalisèrent les connaissances du domaine, puis ils définirent un programme capable de les utiliser. Après plusieurs années de travail, ils aboutirent au système *Dendral* (Feigenbaum 1971) dont les résultats dépassèrent les capacités des experts humains du domaine. Cette réussite annonçait le renouveau de l'IA et un renversement de perspective : les chercheurs laissaient de côté les grands thèmes abstraits, trop généraux, pour se focaliser sur des applications, plus restreintes, mais réelles.

CE NOUVEAU SYSTÈME EXPERT EST AUSSI EFFICACE QU'UN HUMAIN : IL PEUT FAIRE EXACTEMENT LES MÊMES ERREURS !

© Jean-Claude Heudin 2017

En 1974, peu après les débuts de cette première expérience, les chercheurs de Stanford commencèrent à travailler sur un autre projet : *Mycin*. Celui-ci devint le plus célèbre des systèmes experts, car il était capable de diagnostiquer certaines maladies infectieuses du sang et même de prescrire des médicaments (Shortliffe 1975). La base de connaissance comprenait environ 400 règles qui analysaient les causes possibles de la maladie à partir des symptômes donnés par le médecin. Il comparait ces données aux règles et, en fonction de ses déductions, il établissait un diagnostic ou bien posait des questions complémentaires au praticien pour poursuivre son raisonnement.

À partir des années 1980, le développement des systèmes experts avait atteint une telle ampleur que certains se demandaient même si l'IA n'allait pas simplement remplacer l'informatique plus classique. Certaines conférences internationales sur le thème regroupaient fréquemment plusieurs milliers de participants, dont un nombre grandissant d'industriels de tous secteurs. Ce fut, à proprement parler, le second âge d'or de l'IA. Dans cette période d'euphorie, un grand nombre de projets voyaient le jour, soit pour élaborer de nouveaux « moteurs » de systèmes experts, soit pour les appliquer dans tous les secteurs de l'économie, soit enfin pour concevoir des ordinateurs spécialisés. Ce dernier thème connut son apogée utopique avec le projet japonais « d'ordinateur de cinquième génération » basé sur le langage Prolog (Shapiro 1983).

Toutefois, ce nouvel engouement s'amenuisa rapidement du fait des coûts importants de développement des applications et des retours sur investissements peu convaincants. À la fin des années 1980, de ce fait, le financement de la recherche en IA déclina fortement. Les acteurs du domaine se tournèrent alors vers des solutions plus pragmatiques en abandonnant les langages et machines dédiées au profit d'architectures et de langages plus classiques. L'IA n'avait pas totalement disparu, mais elle était devenue beaucoup plus discrète, moins ambitieuse et plus concrète. Cette confrontation à la dure réalité du marché et aux applications opérationnelles eut finalement un effet bénéfique, puisque l'on assista alors au développement d'une grande variété de solutions non plus uniquement basées sur le traitement symbolique et les systèmes experts, mais sur la programmation-objet, les systèmes multi-agents, la programmation par contraintes, les logiques floues, etc.

De nouveaux domaines de recherche, comme la vie artificielle (Langton 1989) profitaient également de la désaffection grandissante pour l'IA. Le second hiver de l'IA allait durer jusqu'au début des années 2010.

La revanche des neurones

Dans l'approche de l'IA « classique », seule la logique des

raisonnements est importante et non l'explication physique ou biologique des phénomènes liés à l'intelligence. En d'autres termes, cette approche, qualifiée de fonctionnaliste, s'intéresse uniquement aux entrées et sorties d'un cerveau considéré comme une sorte de « boîte noire » et assimilée à une machine de Turing. Cette approche n'était évidemment pas partagée par l'ensemble de la communauté scientifique. Pour de nombreux chercheurs, l'intelligence apparaissait plutôt comme un processus émergeant d'un réseau de cellules nerveuses massivement connectées. Cette voie commença à être étudiée dès l'apparition de la cybernétique pour devenir ensuite un domaine de recherche important de l'IA : celui de l'approche neuromimétique.

Pendant cette période mouvementée que fut la Seconde Guerre mondiale, plusieurs scientifiques participaient à l'émergence d'une nouvelle discipline : la cybernétique. En mai 1942, une conférence sur l'inhibition dans le système nerveux central organisée à New York par la fondation Josiah Macy, regroupa le physiologiste Arturo Rosenblueth (1900-1970), le neuropsychiatre Warren McCulloch (1899-1969), le psychanalyste Lawrence Kubie (1896-1973), le couple d'anthropologues Gregory Bateson (1904-1980) et Margaret Mead (1901-1978). Les échanges entre ces chercheurs réputés débouchèrent sur une prise de conscience que l'on pourrait qualifier de « précybernétique ». Devant l'intérêt suscité, Warren McCulloch proposa alors au directeur de la Fondation Macy, Frank Fremont-Smith (1895-1974), d'organiser un cycle de conférences interdisciplinaires sur ce thème. L'idée des conférences Macy était lancée, mais elle ne se concrétisa qu'une fois la guerre terminée.

Quelques mois plus tard, en janvier 1943, Arturo Rosenblueth, Norbert Wiener (1894-1964) et Julian Bigelow (1913-2003) publièrent ensemble un article qui jetait les fondements de la cybernétique, notamment la notion de *feedback* et l'analogie entre organismes vivants et machines (Rosenblueth 1943). En 1948, Norbert Wiener devint officiellement le « père » de la cybernétique avec la publication de son livre *Cybernetics* (Wiener 1948).

La cybernétique, du grec *Kubenêsis* qui désigne l'action de manœuvrer un vaisseau, de gouverner, avait l'ambition d'expliquer le fonctionnement de tout système, vivant ou artificiel. Un système cybernétique est défini comme un ensemble organisé d'éléments en interaction échangeant de la matière, de l'énergie ou de l'information. Ces échanges constituent une communication, à laquelle les éléments réagissent en changeant d'état ou en modifiant leurs actions. Les interactions entre éléments donnent à l'ensemble des propriétés que ne possèdent pas les éléments pris séparément. Cette approche nouvelle donna lieu à la fameuse citation : « le tout est plus que la somme de ses parties ». À partir de cette définition volontairement large, la cybernétique embrassait l'étude de tous les systèmes, vivants ou artificiels : cellule, cerveau, écosystème, société, économie, machine et, bien sûr, l'ordinateur. Mais après quelques années glorieuses, la cybernétique allait être supplantée par sa jeune rivale. L'IA allait reprendre à son compte plusieurs des thèmes de recherche de la cybernétique, dont celui des réseaux de neurones.

L'article fondateur de l'approche neuromimétique est sans nul doute celui du neurobiologiste Warren McCulloch et du mathématicien Walter Pitts (1923-1969). Ils établirent dès 1943 les bases d'une neurologie de l'esprit et le modèle du neurone formel en s'inspirant de la morphologie de la cellule nerveuse organique (McCulloch 1943). Malgré la simplicité de leur modèle de neurone, une somme pondérée suivie d'un seuil, ils affirmaient qu'un grand nombre de ces éléments simples, connectés sous la forme d'un réseau, était capable de reproduire l'intelligence et la pensée.

À la même époque, Donald Hebb (1904-1985), un psychologue qui passa pratiquement toute sa carrière à l'université McGill au Canada, proposa un modèle d'activation des neurones basé sur l'efficacité corrélée des synapses qui les relient (Hebb 1949). Autrement dit, si deux neurones sont actifs en même temps, les synapses qui relient ces deux neurones sont renforcées. Cette règle, dite de Hebb, fut testée et vérifiée, en particulier par Marvin Minsky à l'université d'Harvard en 1951.

Quelques années plus tard, Frank Rosenblatt (1928-1969) proposa un modèle de réseaux de neurones formels en couches. En s'inspirant de la vision chez la mouche, il aboutit au principe du *Perceptron* en 1957 (Rosenblatt 1958). Le modèle du Perceptron est composé d'une couche sensorielle ou « rétine », qui lui sert d'entrée, d'une ou plusieurs couches d'association, puis d'une couche de réponse qui donne le résultat. Chaque couche est composée d'une matrice de neurones formels. L'apprentissage consiste à modifier le poids des connexions appartenant aux neurones dont l'activité est incorrecte jusqu'à obtenir un fonctionnement satisfaisant. Rosenblatt démontra que cette procédure convergeait vers un choix de poids corrects, si celui-ci existait.

À la même époque, Bernard Widrow et Marcian Hoff proposèrent un autre modèle de réseau inspiré par les travaux de Warren McCulloch et Walter Pitts : *Adaline* pour *ADAptive LINear Element* (Widrow 1960). Alors que le Perceptron était orienté vers la perception et la reconnaissance de formes, Adaline était développé dans un contexte de traitement du signal avec des valeurs numériques progressives au lieu du basculement.

Après l'engouement initial, les premières difficultés firent rapidement leur apparition, en particulier au niveau de l'apprentissage. En effet, si un réseau à deux couches pouvait être entraîné simplement, ses applications étaient limitées au calcul de fonctions très simples. Marvin Minsky et Seymour Papert (1928-2016), alors tous deux professeurs au MIT, publièrent une analyse théorique des réseaux à deux couches dans laquelle ils mirent en évidence leurs limitations (Minsky 1969). Ils envisagèrent la conception de réseaux à plusieurs couches internes ou « cachées », mais leur constat pessimiste sur l'avenir des réseaux multicouches eut des conséquences désastreuses sur la recherche dans ce domaine. En effet, pendant plusieurs années, la majorité des financements fut bloquée, car l'étude des réseaux de neurones formels était devenue un projet sans avenir.

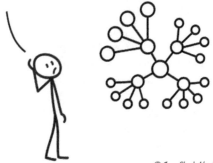

FINALEMENT, CLASSER N'EST-CE PAS FOUTRE LE BORDEL DANS MON DÉSORDRE ?

© Jean-Claude Heudin 2017

Au début des années 1980, alors que l'IA trouvait dans les systèmes experts un renouveau salutaire, la mouvance des réseaux neuromimétiques allait également sortir de l'ornière. Après les prédictions désastreuses de Minsky et Papert, la découverte de deux nouvelles techniques d'apprentissage pour les réseaux multicouches ouvrait enfin de nouvelles perspectives. La première établissait une méthode de *rétropropagation de l'erreur* basée entre autres sur les travaux de Paul Werbos (Werbos 1975) pour les réseaux de type Perceptron à plusieurs couches cachées (Lecun 1985) (Rumelhart 1986). La seconde technique posait les bases des *réseaux récurrents*, c'est-à-dire des réseaux où des sorties rebouclent sur certaines entrées. Les plus connus sont les modèles proposés par John Hopfield (Hopfield 1982), les cartes du finlandais Teuveo Kohonen (Kohonen 1972), ou bien encore la machine dite de Boltzmann (Ackley 1985).

Toutefois, il fallut attendre les années 2010 pour bénéficier pleinement de ces avancées. En effet, l'intérêt essentiel des réseaux de neurones artificiels réside dans leur capacité d'apprentissage. Un réseau peut apprendre un visage à partir d'une photo, par exemple, et il peut le reconnaître ensuite si on lui présente un visage ressemblant, même incomplet ou déformé. En pratique une couche cachée d'un réseau peut apprendre n'importe quelle fonction. Elle représente en quelque sorte la mémoire où est stockée la représentation interne abstraite des données apprises lors de la phase d'entraînement. En ajoutant d'autres couches internes, on peut ainsi augmenter la « profondeur » du réseau et donc sa capacité à traiter des problèmes de plus en plus complexes. Toutefois, accroître le nombre de couches pose deux difficultés. La première est appelée la disparition des gradients (*vanishing gradients*). Lorsque l'on augmente la profondeur du réseau, la rétropropagation des gradients d'erreur est de plus en plus petite comparée aux poids des entrées des neurones. Autrement dit, le réseau a des difficultés à apprendre. La seconde concerne le problème récurrent en apprentissage du surajustement (*overfitting*) où les données apprises collent de façon trop précise aux données de référence. Le réseau n'est pas alors en mesure de généraliser suffisamment pour reconnaître des structures semblables dans les cas réels. En pratique, ces problèmes empêchaient l'apprentissage de converger et limitaient grandement l'obtention de résultats satisfaisants (Hinton 2012).

Ce sont deux avancées empiriques qui, à partir de 2012, ont levé ces difficultés. D'une part, l'accès à des gros volumes de données permit de constater qu'il valait mieux réaliser l'apprentissage sur un nombre d'exemples beaucoup plus significatif qu'auparavant. D'autres part, l'accélération des calculs grâce aux cartes graphiques des ordinateurs (GPU) rendait possible cet accroissement des données (Raina 2009). Enfin, les expérimentations devenant plus simples, des progrès significatifs étaient accomplis conduisant à des résultats spectaculaires (Krizhevsky 2012). Ainsi, le programme *AlphaGo* développé par l'équipe

DeepMind de Google surpassait pour la première fois l'un des meilleurs joueurs mondiaux de Go en 2016 (Silver 2016).

© Jean-Claude Heudin 2017

Au moment où nous écrivons ces lignes (2017), la recherche dans l'apprentissage machine (*machine learning*) et plus particulièrement dans les réseaux de neurones profonds (*deep learning*) connaît un engouement sans précédent. Des applications sont développées dans un grand nombre de secteurs, en particulier par les grandes entreprises de l'Internet, conduisant à des avancées que l'on croyait il y a encore quelques années impossibles : voiture autonome, reconnaissance vocale, etc. Ce troisième âge d'or de l'IA, comme les précédents, entraîne des prédictions démesurées et des débats enflammés à propos du progrès exponentiel de l'IA qui pourrait, s'il continuait à ce rythme, aboutir à une singularité technologique (Kurzweil 2005). Toutefois, les mêmes causes produisant les mêmes effets, il n'est pas exclu qu'un nouvel hiver succède à cette floraison de conjectures…

3

Chronologie de l'IA

Une chronologie ne peut être que subjective. Elle dépend en effet essentiellement du choix des événements parmi des milliers, le choix étant celui de son auteur. Celle-ci n'échappe donc pas à la règle. Bien d'autres événements auraient certainement mérité d'être cités ici, mais l'exercice consiste moins dans l'exhaustivité que de retranscrire l'évolution du domaine telle qu'elle est perçue.

© Jean-Claude Heudin 2017

La préhistoire de l'IA

384-322 av. J.-C.

Aristote décrit le syllogisme, une méthode formelle pour expliquer la mécanique de la pensée.

1270

Raymond Lulle, théologien espagnol, invente *Ars Magna*, un dispositif mécanique pour combiner des concepts.

1641

Thomas Hobbes publie *Le Léviathan* et présente une théorie mécanique et combinatoire de la cognition.

1642

Blaise Pascal invente la première calculatrice mécanique réellement fonctionnelle, la *Pascaline*.

1672

Gottfried Leibniz (1646-1716) améliore le procédé de la machine à calculer mécanique et invente le système binaire. Il envisage un principe universel de calcul permettant de raisonner et de déduire mécaniquement des propositions.

1726

Dans *Les voyages de Gulliver*, Jonathan Swift (1667-1745) décrit une machine permettant à «la personne la plus ignorante, à un coût raisonnable et avec un effort corporel minime, d'écrire des livres de philosophie, poésie, politique, juridique, mathématiques et théologie, sans l'assistance d'un génie ou d'études», parodiant ainsi Lulle et Leibniz.

1769

Wolfgang von Kempelen (1734-1804) élabore un automate joueur d'échecs qui se révèle être dans les faits un canular.

1835

Charles Babbage, aidé par Ada Lovelace, conçoit plusieurs machines à calculer mécaniques, dont la *machine analytique* qui représente le premier calculateur multifonction préfigurant l'ordinateur.

1854

Georges Boole invente la logique booléenne pour étudier les lois fondamentales des opérations de l'esprit (Boole 1854).

1863

Samuel Butler (1835-1902) suggère que l'évolution darwinienne s'applique aussi aux machines et spécule sur l'hypothèse qu'elles deviennent un jour conscientes et finalement supplantent l'humanité.

1915

Leonardo Torres y Quevedo (1852-1936) construit un automate joueur d'échecs et publie des spéculations sur les automates et la pensée.

1943

Warren McCulloch and Walter Pitts publient leur article fondateur sur les neurones formels (McCulloch 1943).

Arturo Rosenblueth, Norbert Wiener et Julien Bigelow proposent le terme « cybernétique » pour nommer leur nouvelle discipline.

1946

Le calculateur ENIAC conçu par John William Mauchly est opérationnel. Il est décrit par la presse comme un « cerveau électronique ».

Années 1950 et 1960 – La naissance de l'IA

1950

Alan Turing dresse les enjeux d'une nouvelle discipline et propose ce qui sera ensuite appelé le « Test de Turing » pour évaluer l'intelligence d'une machine.

Claude Shannon publie une analyse du jeu d'échecs

comme un problème de recherche dans un arbre (Shannon 1950).

1951

Le premier programme d'IA est écrit sur un ordinateur *Ferranti Mark 1* à l'université de Manchester. Il s'agit d'un programme de jeu d'échecs développé par Christopher Strachey et Dietrich Prinz.

Marvin Minsky, aidé par Dean Edmonds, conçoit SNARC, la première machine basée sur un réseau de neurones capable d'apprendre.

1952

Arthur Samuel (1901-1990) débute le développement du premier programme pour le jeu de Dames qui peut rivaliser avec des joueurs amateurs.

1955

Le terme « Intelligence Artificielle » est proposé pour la première fois par John McCarthy (McCarthy 1955).

1956

La première conférence annonçant le projet de l'IA est organisée au *Dartmouth College* par John McCarthy, Marvin Minsky, Nathan Rochester et Claude Shannon.

La première démonstration du programme *Logic Theorist* (LT) créé par by Allen Newell, John Shaw et Herbert Simon est effectuée lors de la conférence au *Dartmouth College*.

1957

Le programme *General Problem Solver* (GPS) est créé par Allen Newell, John Shaw et Herbert Simon au CMU.

Le perceptron, le premier modèle de réseau de neurones à couches, est proposé par Frank Rosenblatt au laboratoire d'aéronautique de l'université Cornell (Rosenblatt 1958).

1958

John McCarthy (MIT) crée le langage de programmation *Lisp* (McCarthy 1958).

1959

John McCarthy et Marvin Minsky fondent le MIT AI Lab.

1963

Edward Feigenbaum et Julian Feldman publient *Computers and Thought*, le premier recueil d'articles sur l'IA (Feigenbaum 1963).

1965

Joseph Weizenbaum (MIT) crée *Eliza*, un programme interactif simulant un psychothérapeute et capable de dialoguer en langage naturel (Weizenbaum 1966).

Edward Feigenbaum commence le développement de *Dendral*, un projet de système de déduction pour la chimie moléculaire. C'est le premier système expert.

1967

Le programme *Dendral* développé entre autres par Edward Feigenbaum, Joshua Lederberg et Bruce Buchanan (*Stanford University*) est utilisé avec succès pour interpréter des spectrogrammes de masse sur des composés organiques.

1968

Richard Greenblatt (MIT) développe un programme joueur d'échecs capable de rivaliser avec des joueurs humains en tournoi.

HAL-9000 est la première IA du cinéma dans le film *2001 l'Odyssée de l'espace* de Stanley Kubrick.

1969

Première conférence internationale sur l'IA (IJCAI) à Stanford.

Marvin Minsky et Seymour Papert publient *Perceptrons* qui démontre les limites des réseaux de neurones (Minsky 1969), provoquant un coup d'arrêt aux financements de la recherche dans ce domaine.

Années 1970 – Premier hiver de l'IA

1970

Dans le cadre de son doctorat, Patrick Winston développe ARC, un programme qui apprend des concepts dans un monde de blocs pour enfants (Winston 1976).

1972

Alain Colmerauer et Philippe Rousse créent le langage de programmation logique *Prolog* à Marseille (Colmerauer 1992).

1973

Richard Greenblatt et Thomas Knight (MIT) débutent le premier projet de « Machine Lisp » (Knight 1979).

1974

Marvin Minsky propose les *Frames* comme une méthode de représentation des connaissances incluant de nombreuses idées sur les schémas et liens sémantiques (Minsky 1974).

Edward Shortliffe conçoit le système expert Mycin à l'université de Stanford dans le cadre de sa thèse de doctorat (Shortliffe 1975).

1975

Paul Werbos décrit pour la première fois un algorithme de rétropropagation du gradient de l'erreur (Werbos 1975).

Première découverte publiée dans une revue scientifique

par le programme *Meta-Dendral* en chimie moléculaire (Lindsay 1980).

John Holland dresse les fondements des algorithmes génétiques (Holland 1975).

1978

Herbert Simon obtient le prix Nobel en économie pour sa théorie de *Bounded Rationality* (Simon 1957).

1979

Dans son doctorat à Stanford, William van Melle démontre la généralité du mode de représentation des connaissances dans *Mycin*. *Emycin* inspiré par Mycin devient le modèle de moteur des systèmes experts (VanMelle 1984).

BKG, un programme créé par Hans Berliner pour jouer au backgammon bat le champion du monde en titre.

Drew McDermott, Jon Doyle (MIT) et John McCarthy (Stanford) publient leurs premiers travaux sur les logiques non monotones et les aspects formels du maintien de la vérité (McDermott 1979).

Années 1980 – L'âge d'or des systèmes experts

1980

Première conférence AAAI (American Association for AI) à Stanford.

Kunihiko Fukushima publie ses travaux sur le *Neocognitron* qui inspirera ensuite les réseaux de neurones convolutifs (Fukushima 1980).

1981

La société Symbolics commercialise LM-2, la première « machine Lisp » conçue d'après la machine CADR du MIT.

Daniel Hillis (MIT) conçoit le premier modèle de *Connection Machine*, un supercalculateur massivement parallèle pour l'IA (Hillis 1989). Il fonde ensuite son entreprise Thinking Machine Corporation.

1982

Le ministère de l'industrie japonais lance le projet d'ordinateur de « cinquième génération » inspiré par le langage *Prolog* (Shapiro 1983).

John Hopfield propose un réseau de neurones entièrement connecté qui portera ensuite son nom (Hopfield 1982).

1985

Dans son doctorat, Yann LeCun propose un algorithme basé sur le principe de la rétropropagation de l'erreur (LeCun 1985).

1986

Marvin Minsky publie *La société de l'esprit*, une théorie qui décrit l'esprit comme un ensemble d'agents coopératifs (Minsky 1986).

David Rumelhart, Geoffrey Hinton et Ronald J. Williams publient une description détaillée de l'algorithme de rétropropagation de l'erreur (Rumelhart 1986).

Rodney Brooks (MIT) propose l'architecture de subsomption comme un modèle réactif bioinspiré pour la robotique et l'IA (Brooks 1986).

1987

Christopher Langton initie une nouvelle discipline baptisée *Artificial Life* dont il organise la première conférence l'année suivante (Langton 1989).

1989

Yann LeCun démontre l'efficacité des réseaux convolutifs avec rétropropagation de l'erreur pour la reconnaissance de chiffres manuscrits (LeCun 1989).

Années 1990 – Second hiver de l'IA

1990

TD-Gammon, un programme de backgammon écrit par Gerry Tesauro démontre un algorithme d'apprentissage par renforcement qui rivalise avec des joueurs classés au niveau mondial.

John Koza pose les bases de la programmation génétique (Koza 1992).

1994

Le programme *Chinook* gagne le tournoi des USA de Dames.

1997

Le supercalculateur *Deep Blue* bat le champion du mode d'échecs Garry Kasparov.

Le programme *Logistello* bat le champion du monde du jeu Othello, Takeshi Murakami, avec un score de 6-0.

1998

Tiger Electronics lance *Furby*. C'est le premier jouet basé sur l'IA commercialisé.

1998

Tim Berners-Lee publie son projet de Web sémantique (Berners-Lee 2001).

2000

Cynthia Breazeal (MIT) publie son doctorat sur les machines sociales et décrit *Kismet*, une tête robotique exprimant des émotions (Breazeal 2002).

2001

Le film *Artificial Intelligence* de Stephen Spielberg (avec la participation de Stanley Kubrick au scénario) sort sur les écrans.

2005

Le projet *Blue Brain* est lancé avec comme objectif la simulation d'un cerveau humain.

Ray Kurzweil publie *The singularity is near* où il prédit l'avènement d'une super-intelligence artificielle en 2045 (Kurzweil 2005). Il reprend ainsi les thèses de Vernor Vinge et Irvin Good (Good 1965) et (Vinge 1993), entre autres.

2009

Google lance son projet de voiture autonome.

Fei-Fei Li (Stanford) lance le projet *ImageNet* (Deng 2009).

Rajat Raina, Anand Madhavan et Andrew Ng montrent l'apport des processeurs graphiques (GPU) pour l'apprentissage des réseaux de neurones (Raina 2009).

Années 2010 – L'âge d'or du Deep Learning

2011

Le supercalculateur *Watson* (IBM) est vainqueur au jeu télévisé *Jeopardy !*

Apple dote ses smartphones de *Siri*, un assistant intelligent avec reconnaissance et synthèse vocale, et interfacé avec plusieurs services.

2012

Alex Krizhevsky, Ilya Sutskever et Geoffrey Hinton publient leurs résultats de classification sur *ImageNet* d'un réseau de neurones convolutif profond (Krizhevsky 2012). Cette publication marque le climax du *Deep Learning*.

L'équipe de *Google Brain*, dirigée par Andrew Ng et Jeff Dean, conçoit un réseau de neurones exécuté sur une dizaine de milliers de processeurs capable de reconnaître des chats sur des vidéos YouTube (Dean 2012).

2013

Geoffrey Hinton travaille à mi-temps pour Google à Mountain View et Toronto.

Yann LeCun est invité par Mark Zuckerberg à diriger la recherche en IA de Facebook.

2014

Les chercheurs de Facebook développent *DeepFace* capable d'identifier des visages avec plus de 97 % de réussite, ce qui rivalise avec les performances humaines (Taigman 2014).

Andrew Ng devient le directeur scientifique de Baidou, qu'il quittera en 2017.

Le film *Her* de Spike Jones sur la relation entre Théodore et l'IA Samantha est un succès mondial.

2015

Une lettre ouverte contre le développement des armes autonomes est signée par Stephen Hawking, Elon Musk, Steve Wozniak et plus de 3000 chercheurs en IA et robotique.

Le film *Ex Machina* d'Alex Garland met en scène Ava, une IA consciente qui passe avec succès test de Turing et s'échappe du laboratoire où elle est confinée.

2016

Le programme *Alphago* développé par DeepMind, une filiale de Google, bat 4-1 l'un des meilleurs joueurs de Go Lee Sedol.

Nvidia, le leader des GPU, commercialise des solutions

matérielles pour le *Deep Learning* et fournit des solutions à Google, Microsoft et IBM, entre autres.

Tay, un bot Twitter conçu par Microsoft dérape en tenant des propos racistes.

2017

Alphago gagne 60-0 le tournoi de Go sur Internet dont trois matchs contre le champion du monde Ke Jie.

Libratus, conçu par Tuomas Sandholm et Noam Brown (Carnegie Mellon) est victorieux contre quatre grands joueurs de Poker.

HEY ! REVENEZ TRAVAILLER !

J'AI LANCÉ UNE PHASE D'APPRENTISSAGE. ELLE VA DURER PLUSIEURS HEURES... JE REVIENS DEMAIN !

© Jean-Claude Heudin 2017

4

Les axes de recherche de l'IA

Les domaines de recherche de l'IA ont beaucoup évolué tout au long de son histoire et continuent de le faire. De plus, il n'existe pas de délimitation nette entre les champs de recherche. Au contraire, ils s'interpénètrent et se fertilisent mutuellement. Certains se séparent de l'IA et prennent leur indépendance, d'autres la rejoignent. De nouvelles voies apparaissent pendant que d'autres disparaissent.

Dans les lignes qui vont suivre, nous proposons une tentative de catégorisation. Toutefois, comme nous venons de le souligner, celle-ci ne peut être qu'un reflet imparfait de la dynamique et de la richesse du domaine.

Agents intelligents et multi-agents (agents and multi-agent systems)

Un *agent intelligent* est un système qui perçoit son environnement et met en œuvre des actions qui maximisent son adaptation. Les agents intelligents les plus simples sont des programmes qui résolvent des problèmes spécifiques. Ils peuvent utiliser toute approche adaptée à leur tâche : certains sont symboliques et logiques, d'autres sont des réseaux neuronaux, etc. On les classe souvent en deux grandes catégories : les agents *cognitifs* qui sont capables de créer des modèles et raisonner, et les agents *réactifs* qui déclenchent des actions en fonction de ce qu'ils perçoivent sans avoir de représentation de leur environnement. Les systèmes *multi-agents* étudient des architectures, homogènes ou hybrides, distribuées, hiérarchiques, etc., dans lesquelles plusieurs agents, parfois en grand nombre, interagissent et coopèrent pour atteindre leur objectif.

Algorithmes évolutionnaires (evolutionary computing)

Les approches évolutionnaires s'inspirent des théories de l'évolution biologique pour créer des algorithmes capables de s'adapter, apprendre ou évoluer. Ils sont généralement basés sur des populations de solutions potentielles sur lesquelles sont appliqués des opérateurs comme la sélection, la mutation et le croisement. Les principales approches sont les *algorithmes génétiques*, les *stratégies évolutionnaires*, les *classifieurs génétiques* et la *programmation génétique*.

Apprentissage machine (machine learning)

L'apprentissage machine existe depuis la création de l'IA elle-même. Elle étudie les systèmes qui s'améliorent grâce à des exemples jugés corrects ou bien avec l'expérience. On trouve deux grandes catégories d'approches : *l'apprentissage supervisé* où un opérateur humain participe à la phase d'entraînement et *l'apprentissage non supervisé* où le système apprend de manière autonome. Une troisième approche concerne *l'apprentissage par renforcement*, dans lequel un dispositif reçoit des récompenses ou punitions en fonction de la pertinence de ses actions. Parmi la grande diversité d'algorithmes étudiés, certains sont devenus des domaines de recherche importants, comme *l'apprentissage profond* (*deep learning*) ou les *algorithmes évolutionnaires* (*evolutionary computing*).

Connexionnisme (connectionism)

Le connexionnisme modélise les phénomènes mentaux ou comportementaux comme des processus émergents d'un grand nombre d'unités interconnectées sous la forme d'un réseau. Les *réseaux de neurones* font partie de ce domaine, mais vu leur importance, ils sont en pratique considérés comme un domaine à part entière. En outre, le connexionnisme n'est pas limité aux seuls réseaux de neurones. Les unités peuvent être des automates différents d'un neurone et les connexions représenter d'autres relations que des synapses. Le connexionnisme est également envisagé comme une alternative au modèle centralisé d'un ordinateur classique permettant un parallélisme massif. Les architectures connexionnistes peuvent inclure un très grand nombre d'unités simples ou au contraire plus complexes, homogènes ou hétérogènes, avec des structures de réseau de toutes sortes, régulières ou non.

OÙ EN EST VOTRE PROJET D'IA QUANTIQUE ?

EN TRÈS BONNE VOIE. IL EST À LA FOIS DANS UN ÉTAT OÙ IL EST TOTALEMENT OPÉRATIONNEL ET DANS CELUI OÙ IL N'A PAS COMMENCÉ.

JE PEUX L'OBSERVER ?

C'EST UNE QUESTION TRÈS DÉLICATE...

© Jean-Claude Heudin 2017

Intelligence affective (affective computing)

L'informatique affective est l'étude des systèmes permettant de reconnaître et interpréter, traiter et simuler les émotions humaines. La principale motivation de cette recherche est la capacité de simuler l'empathie, où la machine serait capable d'interagir émotionnellement et d'adapter ses comportements pour donner des réponses ou proposer des solutions appropriées tenant compte des émotions. Elle permet d'améliorer les relations entre humains et les créatures artificielles, virtuelles ou robotique.

Intelligence collective (collective intelligence)

L'intelligence collective s'inspire des animaux sociaux et plus largement des systèmes coopératifs pour créer des modèles et des algorithmes où l'intelligence émerge de la coopération des individus. Les colonies d'insectes sociaux, comme les fourmis et les termites, représentent les sources d'inspiration parmi les plus étudiées, mais le domaine s'intéresse également à d'autres phénomènes comme les foules, les essaims, les nuées d'oiseaux, les bancs de poissons, la communication entre plantes, le sable, etc.

Langage naturel (natural language processing)

Le traitement du langage naturel a pour objectif le développement d'algorithmes de lecture et de compréhension du langage humain qu'il soit écrit ou parlé. Il doit permettre aux machines et aux hommes d'interagir de manière plus naturelle au travers du langage. On distingue deux grandes approches : *l'analyse lexicale* qui se base essentiellement sur la syntaxe des mots, et *l'analyse sémantique* qui analyse le sens des mots et des phrases à l'aide d'ontologies du langage, par exemple. L'approche *sémiotique*, moins courante, analyse les signes détectables dans les textes. Les applications les plus répandues du traitement du langage naturel concernent la traduction automatique, les moteurs de recherche, l'analyse des dialogues sur les messageries et réseaux sociaux, etc.

Raisonnement et résolution de problèmes (reasoning and problem solving)

Ce domaine de recherche est l'un des plus anciens de la discipline. Il s'agissait au départ de développer des algorithmes qui imitent le raisonnement humain lorsqu'il résout des problèmes ou fait des déductions logiques. Le principe général revient à modéliser le problème sous la forme d'un arbre dont les feuilles représentent les solutions potentielles. L'algorithme qui cherche à résoudre un problème doit donc parcourir l'arbre à la recherche d'une solution, si possible la meilleure. Par exemple, la preuve logique peut être considérée comme trouver et optimiser le chemin qui mène des prémisses aux conclusions, où chaque étape est l'application d'une règle d'inférence. Toutefois, plus l'arbre est grand et plus le nombre de cas à envisager est important. Cette « explosion combinatoire » peut conduire à des temps de calcul très long, voire impossible à effectuer en pratique. Une manière de procéder consiste alors à utiliser des heuristiques, c'est-à-dire des méthodes ou des raisonnements qui permettent de ne chercher que dans certaines branches de l'arbre, celles jugées les plus prometteuses. Les jeux comme les échecs et le Go ont historiquement été parmi les problèmes les plus étudiés.

J'AI LE PLUS GROS SERVEUR DE DEEP LEARNING AVEC 1024 GPU NVIDIA TESLA ET 250 GIGA CHAQUE PLUS 4 CPU XÉNON...

SAUVE-NOUS JOHN CONNORS !

© Jean-Claude Heudin 2017

Logiques floues et raisonnements incertains (fuzzy logic and uncertainty reasoning)

À côté des logiques classiques comme celle des prédicats ou la logique de premier ordre, de nombreux problèmes exigent de raisonner avec des informations changeantes, incomplètes ou incertaines. Ce domaine regroupe l'étude de logiques qui ne représentent plus une information comme simplement vraie ou fausse. La *logique floue* est certainement la plus connue, mais il existe d'autres approches logiques qui permettent de tenir compte de l'incertitude, la croyance, l'incrédulité, la confiance, etc. D'autres formes de logique non monotones, c'est-à-dire capables de remettre en cause certaines déductions, s'intéressent au raisonnement prenant en compte le temps. En effet, une information vraie à un instant donné peut devenir fausse à un autre moment.

Perception et vision par ordinateur (perception and computer vision)

La perception est la capacité d'utiliser des capteurs dans un robot ou une machine pour analyser l'environnement et en élaborer une représentation interne. Il existe une grande variété de capteurs possibles tels que les caméras, microphones, capteurs tactiles, accéléromètres, sonars, etc. L'un des axes de recherche parmi les plus importants concerne la vision. Il s'agit de développer des algorithmes d'acquisition, de traitement, d'analyse et de compréhension des images numériques. Récemment, les réseaux de neurones convolutifs profonds, qui s'inspirent de la rétine, ont obtenu des résultats spectaculaires pour la reconnaissance de formes. Les mêmes principes appliqués sur la voix ont permis également des progrès très sensibles en reconnaissance vocale.

Planification (planning and scheduling)

Une IA, qu'elle soit un agent ou une unité fonctionnelle dans l'un système robotique, doit être en mesure de fixer des objectifs. Pour cela elle doit être capable de déduire de l'objectif une succession d'actions lui permettant de l'atteindre. Elle doit également élaborer une représentation de l'environnement et prédire ce que la suite d'actions va changer. Une fois planifiée, l'exécution doit être évaluée en temps réel afin de maximiser son utilité ou de minimiser un coût, par exemple. Elle doit éventuellement être capable de modifier dynamiquement le plan et de remettre en cause l'objectif en fonction de l'évolution de la situation.

Représentation des connaissances (knowledge representation)

La grande majorité des problèmes qu'une IA doit résoudre nécessite des connaissances sur le monde, en général, et sur le domaine spécifique lié au problème. Ainsi, il faut représenter les objets, les individus, leurs propriétés, les catégories, les relations entre ces objets, etc. Une représentation de « ce qui existe » est appelée une *ontologie*. En d'autres termes, c'est un graphe comprenant l'ensemble des objets, des individus, des relations, des concepts et des propriétés formellement décrits afin que les agents logiciels puissent les interpréter. L'un des objectifs principaux de ce domaine est de créer des ontologies générales et des ontologies spécifiques, ainsi que des algorithmes permettant de les utiliser efficacement.

Réseaux de neurones (neural networks)

L'étude des réseaux de neurones artificiels a débuté au cours de la décennie précédant la naissance de l'IA, dans le contexte scientifique de la cybernétique. Aujourd'hui cet axe est devenu l'un des plus importants avec les résultats spectaculaires obtenus par *l'apprentissage profond* (*deep learning*). Un réseau de neurones est basé sur une collection d'unités simples inspirées par les neurones biologiques. Ils sont connectés en couches successives par leurs synapses. On parle de réseau *feedforward* si les signaux se déplacent uniquement de l'entrée du réseau vers sa sortie. Si certaines connexions du réseau sont rebouclées sur lui-même, alors on parle de *réseau récurrent*. Lorsque le réseau comprend plusieurs couches internes, on entre dans la problématique des réseaux profonds. La capacité la plus importante d'un réseau est qu'il peut apprendre et reconnaître des formes. Une grande partie de la recherche se focalise donc sur les algorithmes d'apprentissages. Ceux-ci sont supervisés si un opérateur humain intervient pendant la phase d'entraînement. Ils sont non supervisés, si le réseau doit apprendre de manière autonome. Une troisième forme d'apprentissage dite par renforcement récompense ou pénalise certaines connexions en fonction de l'expérience.

Robotique (robotics)

La robotique est, à juste titre, considérée comme un domaine à part entière. Toutefois, les passerelles et les coopérations entre l'IA et la robotique sont si importantes, que la frontière entre les deux disciplines s'efface souvent en pratique. En effet, dès qu'il s'agit de doter un robot de perception et de comportements intelligents, l'IA devient incontournable. En pratique, la robotique utilise une grande part des technologies développées par l'IA. En retour, elle représente un terrain d'expérimentation et d'application privilégié pour l'IA.

Systèmes à base de connaissance (knowledge-based systems)

Lorsque les ordinateurs dotés d'une mémoire suffisante sont devenus disponibles vers 1970, suivis par les premiers ordinateurs personnels dans les années 1980, l'IA a connu un regain d'intérêt sous la forme des *systèmes experts*. Un tel système utilise une base de connaissances, généralement représentées sous la forme de règles « Si conditions Alors conclusions », un moteur d'inférence qui applique les règles sur des faits jugés vrais et déduit de nouveaux faits, une interface utilisateur qui permet d'interroger le système et d'ajouter de nouvelles informations. À partir de cette architecture générale, la recherche a développé une multitude de méthodes et algorithmes pour concevoir des systèmes adaptés à de très nombreuses applications.

Traitement symbolique et logique (symbolic processing and logic programming)

Ce domaine de recherche fut l'un des premiers dans l'IA naissante. Il consistait à explorer l'hypothèse que l'intelligence humaine puisse être réduite à la manipulation de symboles. Cette approche a permis ensuite la simulation de raisonnements logiques, ce qui a contribué à son succès. Il en a découlé le développement de langages dédiés, dont Lisp et Prolog sont les plus célèbres. À son apogée, le domaine incluait également l'objectif de créer des machines et microprocesseurs spécialisés et basés sur ces langages : les machines Lisp aux États-Unis et en Europe, le projet d'ordinateurs de cinquième génération au Japon basé sur Prolog.

Vie artificielle (artificial life)

Bien que considérée comme un domaine indépendant de l'IA, la vie artificielle (appelée aussi A-Life) partage avec elle de nombreuses préoccupations, dont celles liées à l'intelligence. Ce n'est pas un hasard si cette discipline est née pendant le second hiver de l'IA, comme si une partie de sa communauté recherchait de nouvelles pistes. Pour certains en effet, il était devenu clair qu'il était impossible d'élaborer un cerveau en ignorant son organisation et en réfutant la nécessité d'un corps capable d'explorer un environnement et de subir en retour les conséquences de ses propres actions. La construction d'un « corps vivant » devait donc précéder celle d'un « être pensant ». En tant que domaine, la vie artificielle étudie les processus fondamentaux des systèmes vivants en les simulant dans des environnements artificiels afin de mieux comprendre le vivant, son émergence, son évolution, ses dynamiques comportementales et son intelligence. Elle est également caractérisée par une approche originale qui adresse non seulement « la vie telle que nous la connaissons », mais aussi « la vie telle qu'elle pourrait être », c'est-à-dire sur d'autres supports que la matière organique, dont l'ordinateur.

5

Les six formes d'IA

Une bonne partie de la confusion à propos de l'IA provient d'un mélange entre l'imaginaire et la réalité des recherches dans les laboratoires. On parle d'IA en associant dans ces termes, sans distinction, le champ disciplinaire et l'objet de ses recherches, les applications les plus pragmatiques jusqu'aux projections les plus délirantes de machines conscientes et omniscientes.

Une première étape pour y voir plus clair consiste donc à définir ce que l'on entend par IA lorsque l'on utilise ces termes. Comprendre que l'on parle du domaine et non de l'une de ses réalisations est assez facile. Par contre, il est plus délicat de définir les différentes formes que les IA peuvent revêtir, compte tenu de la diversité des approches.

Une première distinction à été formulée au début de son histoire avec les notions d'IA « forte » (*strong AI*) et d'IA « faible » (*weak AI*). Plus récemment, on a utilisé également des notions assez similaires d'IA « générale » ou « complète » (AGI pour *Artificial General Intelligence*) et d'IA « restreinte » (*narrow AI*).

Dans le premier cas, celle de l'IA « forte », il s'agit d'aboutir à une IA dont les capacités seraient aussi générales que celles d'un humain, tout en le surpassant en termes d'efficacité. Pour atteindre ce niveau, une telle IA ne serait pas seulement intelligente, mais probablement entièrement autonome, consciente d'elle-même et de son environnement.

Dans le cas de l'IA « faible », il s'agit de développer des applications opérationnelles, chacune restreinte à son domaine spécifique, sans chercher une quelconque forme de conscience.

Notons au passage que les résultats les plus spectaculaires – pour ne pas dire tous les résultats – ont été obtenus avec des approches relevant d'une IA « faible », mais renforçant paradoxalement la croyance en la possibilité à court terme d'une IA « forte ».

Lors de l'audition publique au Sénat en janvier 2017, j'ai proposé une autre approche pour distinguer les différentes formes d'IA qui, sans entrer dans une classification trop technique, permet de dépasser celle de la simple opposition forte *vs.* faible. Celle-ci définit six niveaux d'IA :

- Niveau 1 : sous-humaine pour des tâches spécifiques.

- Niveau 2 : équivalente à un humain pour des tâches spécifiques.

- Niveau 3 : supérieure à la plupart des humains pour des tâches spécifiques.

- Niveau 4 : supérieure à toute intelligence humaine pour des tâches spécifiques.

- Niveau 5 : égale ou supérieure à l'intelligence humaine pour une majorité de tâches (AGI).

- Niveau 6 : intelligence artificielle ultime (singularité technologique).

Niveau 1 – inférieure à l'humain

L'IA de niveau 1 correspond à une application, un composant logiciel, un agent, ou plus généralement une entité algorithmique, qui permettent d'atteindre des résultats généralement inférieurs à ce que peut obtenir un humain pour la même tâche spécifique.

Un exemple d'IA de ce niveau est celui des dispositifs de reconnaissance vocale qui, pour l'instant, et malgré des progrès importants, ont des performances inférieures à celles obtenues par une majorité d'humains, en particulier en milieu bruité et lorsque plusieurs locuteurs s'expriment.

Un autre exemple est celui des assistants personnels et des « chatbots » qui, à ce jour, ne peuvent pas rivaliser avec un humain dans le contexte d'un dialogue ouvert en langage naturel.

© Jean-Claude Heudin 2017

Niveau 2 – égale à l'humain

L'IA de niveau 2 correspond à une application, un composant logiciel, un agent, ou plus généralement une entité algorithmique, qui permet d'atteindre des résultats similaires à ce que peut obtenir un humain pour la même tâche spécifique.

Un exemple d'IA de ce niveau est le système expert *Mycin* créé par Edward Shortliffe à l'université de Stanford dans les années 1970, qui diagnostiquait les maladies du sang et prescrivait des médicaments.

Un autre exemple est celui d'un réseau de neurones capable d'identifier et classer des objets dans une image, ou bien d'interpréter des données si celles-ci sont en faible quantité et peu dynamiques. Typiquement, l'évaluation d'un profil individuel par rapport à une base de données de prospects ou de clients entre dans cette catégorie.

Niveau 3 – supérieure à l'humain

L'IA de niveau 3 correspond à une application, un composant logiciel, un agent, ou plus généralement une entité algorithmique, dont les performances sont supérieures à la plupart des humains pour la même tâche spécifique. Toutefois, il est possible que certains humains spécialistes de cette tâche puissent être meilleurs dans certaines conditions.

Un exemple d'IA de ce niveau est *Deep Blue*, conçu par IBM dans les années 1990, qui était au niveau des meilleurs joueurs mondiaux d'échecs. *Deep Blue* a battu le champion du monde Garry Kasparov en 1997.

Un autre exemple est celui des réseaux de neurones profonds capables de reconnaître des formes (*patterns*) ou prédire des résultats dans le contexte d'un très grand volume d'information dynamique.

Niveau 4 – supérieure à tous les humains

L'IA de niveau 4 correspond à une application, un composant logiciel, un agent, ou plus généralement une entité algorithmique, dont les performances sont supérieures à tous les humains pour la même tâche spécifique, quelles que soient les conditions.

Un exemple d'IA de ce niveau est *AlphaGo* développé par Google DeepMind, qui a prouvé son efficacité face aux meilleurs joueurs mondiaux de Go, ne leur laissant pratiquement aucune chance.

Niveau 5 – générale

L'IA de niveau 5 correspond à une entité algorithmique dont les performances sont égales ou supérieures à celles obtenues par la plupart des humains pour une majorité de tâches.

Ce niveau correspond à la dénomination d'AGI (*Artificial General Intelligence*) ou IA « complète ». Il n'existe aucun exemple d'IA de ce niveau à ce jour.

Niveau 6 – *singularité*

L'IA de niveau 6 correspond à une entité algorithmique dont les performances sont très largement supérieures, voire « infiniment supérieures », à celles obtenues par l'intelligence humaine, quelle que soit la tâche.

Ce niveau correspond à une super-intelligence « ultime » ou « singularité technologique ». L'existence d'une telle entité dans l'avenir est une hypothèse qui n'a pas obtenu de consensus à ce jour.

© Jean-Claude Heudin 2017

Les niveaux 1 à 4 correspondent à ce que l'on entend par IA « faible » ou « étroite » et les niveaux 5 et 6 à l'ambition de l'IA « forte ». La césure entre IA « faible » et IA « forte » est celle du passage d'une IA spécialisée à une IA générale. Il existe un certain consensus au sein de la communauté scientifique en ce qui concerne la possibilité de création d'une IA de ce type dans un avenir à moyen ou long terme. Les plus optimistes parlent d'un horizon à dix ans, alors que d'autres situent plutôt cette transition dans cent ans ou plus. Dans les faits, une telle IA devra probablement être autonome et consciente. Il faut bien admettre que ces capacités restent à ce jour incomprises, sans définition claire et sans théorie qui ait obtenu un véritable consensus.

Le niveau 6, comme nous le verrons un peu plus loin (cf. chapitre 7), est une spéculation plus proche de la science-fiction que de la science. L'émergence spontanée d'une super-intelligence s'améliorant elle-même jusqu'à devenir une divinité omnisciente ne relève pas en effet d'une approche scientifique (Heudin 2014). Elle est donc hautement improbable, pour ne pas dire irréaliste.

6

L'IA dans la culture pop

La science et la science-fiction ont toujours entretenu des liens étroits de coévolution, l'une stimulant l'autre et réciproquement. Il est donc intéressant de faire le point sur la représentation des IA dans l'imaginaire collectif.

Le thème d'une IA surhumaine est omniprésent dans la science-fiction, aussi bien dans les nouvelles et romans, qu'au cinéma, dans les séries et dans les jeux vidéo. Cette profusion a eu pour conséquence le développement d'une image relativement négative de l'IA auprès du public. Ceci est dû à plusieurs facteurs. D'une part, la créature démiurge et dominatrice se situe dans le schéma narratif aujourd'hui classique de la malédiction liée aux créatures artificielles (Heudin 2008). D'autre part, une IA inamicale est beaucoup plus intéressante pour les auteurs et les scénaristes pour créer des situations dramatiques et servir les rebondissements d'une histoire. Enfin, la médiatisation des propos transhumanistes à propos de la singularité est plutôt de nature à inquiéter le public, qui n'est pas dupe des envolées optimistes à propos d'une super-intelligence prenant en main la destinée de l'humanité.

Dans ce chapitre, nous nous limiterons ici à certaines références cinématographiques connues de tous, qui ont marqué l'inconscient collectif ou qui ont contribué à bâtir la représentation populaire des IA. Bien que corrélées, nous n'aborderons pas les innombrables histoires de robots, afin de rester focalisé sur l'IA en tant que telle.

1968 : HAL 9000

Le premier long métrage qui a établi l'archétype de la machine douée d'une intelligence surhumaine est sans conteste 2001 l'Odyssée de l'espace de Stanley Kubrick (1928-1999) sorti en 1968. Cette période marque une étape cruciale de la conquête spatiale avec les préparatifs du programme Apollo qui aboutissait en juillet 1969 aux premiers pas sur la Lune. L'année 2000 représentait à cette époque un fantasme futuriste : des cités gigantesques sillonnées par une multitude de voitures volantes, des robots domestiques et des machines intelligentes, des vaisseaux intersidéraux partant à l'exploration de l'univers. L'entrée dans le troisième millénaire était donc synonyme d'odyssée spatiale et de découvertes. Dans ce contexte, Stanley Kubrick réalisa 2001 dans le plus grand secret à Londres, secondé par l'écrivain et scientifique Arthur C. Clarke. Tout le monde se souvient de la séquence de l'approche de la navette spatiale au son du Beau Danube Bleu de Johann Strauss.

Le personnage principal du film n'est pas humain, c'est une IA surhumaine incarnée par un superordinateur baptisé HAL, un acronyme de *Heuristically programmed Algorithmic computer*. Mais ces trois lettres correspondent aussi au sigle IBM décalé d'une lettre dans l'alphabet. Il faut dire qu'IBM était associé à la production et n'avait pas apprécié la fin tragique de l'équipage, exterminé par l'ordinateur devenu fou. Tout comme les calculateurs de cette époque, HAL est aussi impressionnant par sa taille que par les capacités qu'on lui attribue. Il est bien plus que l'ordinateur de supervision du vaisseau *Discovery*, il est le vaisseau tout entier. HAL, c'est aussi cet objectif rouge inquiétant, ce regard omniscient qui scrute les moindres faits et gestes de l'équipage, sans aucun mouvement organique ni mécanique, et qui a le pouvoir de tout contrôler, même la vie. Stanley Kubrick et Arthur Clarke insistaient sur le caractère infaillible de l'ordinateur avant que celui-ci ne « déraille ». De ce point de vue, HAL est bien une intelligence surhumaine totale, présentée comme une quasi-divinité. La personnalité de HAL est complexe, car elle résulte d'une double vision, celle des deux coscénaristes. Pour Clarke, HAL est un ordinateur infaillible, mais qui va « dérailler » à cause d'ordres contradictoires, situation pour laquelle il n'a pas été prévu. Pour Kubrick, HAL est certes un ordinateur, mais en développant une pensée autonome, il devient « humain » et, par conséquent faillible, puis paranoïaque. Il disait à ce propos : « Une machine surintelligente comme HAL est effectivement l'enfant de l'homme, un enfant supérieur, et les relations avec ces machines seront très complexes... L'homme sera encore très utile à la machine, puisque c'est lui qui devra en prendre soin. »

DAVE EST UN HOMME...
J'AI BATTU DAVE AUX ÉCHECS...
ALORS JE PEUX BATTRE TOUS LES HOMMES !

DAVE EST MORTEL...

Nous sommes donc dans un double registre, celui d'un questionnement sur la nature humaine d'une part et celui sur les rapports entre l'homme et une machine surdouée. Dans plusieurs scènes en effet, HAL exprime des émotions qui font de lui paradoxalement la créature la plus humaine du film : la vanité, la paranoïa, le mensonge et l'angoisse, puis la peur devant la mort. C'est particulièrement évident dans la scène émouvante de son agonie lorsque Dave Bowman le « débranche ». La voix monocorde et androgyne de l'ordinateur devient alors suppliante : « J'ai peur Dave. Mon cerveau se vide... Je le sens se vider... Je le sens se vider... Ma mémoire s'en va, j'en suis certain... » La voix de l'ordinateur boucle finalement sur une chanson mélancolique de sa « jeunesse » puis s'éteint lentement, de plus en plus grave pour mourir dans un râle interminable.

Le film de Stanley Kubrick a marqué profondément toute la science-fiction et en retour la science elle-même, en établissant les codes visuels du genre et, pour ce qui nous concerne, l'image populaire du superordinateur intelligent.

1979 : MOTHER

Un peu plus de dix années plus tard, en 1979, le premier opus de la saga des *Aliens*, Le huitième passager, réalisé par Ridley Scott reprenait l'idée du superordinateur intelligent contrôlant la destinée du vaisseau spatial Nostromo. Baptisé « Mother » (maman) par l'équipage, l'ordinateur est le détenteur des directives secrètes qui vont provoquer le détournement de la mission initiale vers la planète où se trouvent les dangereux monstres imaginés par l'artiste suisse Hans Giger (1940-2014). Toutefois, contrairement à 2001, l'ordinateur ne représente dans le scénario qu'un personnage très secondaire, sans réelle capacité d'initiative, dont l'unique justification est d'enclencher la mécanique dramatique des événements.

1982 : MCP

En 1982, les salles obscures voyaient la sortie d'un long métrage étrange, un véritable OVNI cinématographique réalisé par Steven Lisberger pour les studios Disney : *Tron*. Dans cette histoire qui marqua les débuts du genre cyberpunk au cinéma, le tout-puissant président du trust Encom, Ed Dillinger, a établi sa situation en évinçant Flynn, un jeune informaticien, dont il s'est approprié les programmes. Le superordinateur de la multinationale est contrôlé par une IA despotique du nom de *Master Control Principal* (MCP), un ancien programme d'échecs créé jadis par Dillinger, qui a atteint le stade d'IA autonome en asservissant les autres programmes.

Les déboires du jeune hacker ne sont qu'un prétexte pour aborder le véritable thème : l'immersion dans un univers virtuel. La grande originalité du film réside en effet dans son traitement infographique. *Tron* sortait du cadre classique des productions Disney et proposait au public un univers visuel nouveau et fascinant. La superposition d'images synthétiques et d'images réelles, avec les acteurs jouant les rôles des programmes informatiques, donnait une vision originale d'un jeu vidéo vu de l'intérieur.

Steven Lisberger, comme le feront d'autres réalisateurs par la suite, transformait la quête du héros passé derrière le miroir en une guerre de religion prophétique. Les programmes sont à l'image de leur créateur et croient en eux comme en des divinités. Cette croyance est combattue par le tout-puissant MCP, une super-intelligence qui a pour seule ambition de devenir le dieu unique des programmes.

1983 : WOPR

Tron est l'un des tout premiers films où le héros est un hacker. Ce fut également le cas de *War Games*, réalisé par John Nadham en 1983. Un jeune surdoué se connecte sur l'ordinateur contrôlant le système de défense nucléaire des États-Unis et entame avec lui une partie d'un jeu baptisé « Guerre Thermonucléaire Globale » dont l'issue pourrait être le déclenchement d'une troisième guerre mondiale.

L'ordinateur WOPR (*War Operation Plan Response*) qui rappelle évidemment celui de *2001, l'Odyssée de l'espace*, est le « Goliath » de l'histoire, une super-intelligence artificielle créée par un chercheur en IA après la mort de son fils Joshua.

1984 : SAL-9000

EN 1984, Peter Hyams se risquait à poursuivre l'œuvre de Stanley Kubrick avec *2010, l'Année du premier contact*. Bien qu'un honnête divertissement, le film qui cherchait à expliquer ce que Kubrick souhaitait rendre inexplicable ne pouvait rivaliser avec celui du maître.

Dans un monde où la guerre froide est toujours d'actualité, le directeur de la mission *Discovery*, l'ingénieur qui a conçu le vaisseau spatial et le créateur de l'ordinateur HAL, partent avec une équipe soviétique à bord du vaisseau *Leonov* en direction de Jupiter, planète autour de laquelle le *Discovery* est toujours en orbite au point de Lagrange entre Jupiter et son satellite Io. Alors que sur Terre les tensions sont au maximum et que la guerre est sur le point d'éclater, les scientifiques des deux camps vont devoir s'unir pour comprendre l'origine de la folie de HAL et survivre.

On retrouve HAL 9000, mais on découvre également qu'il existe deux autres exemplaires de l'IA restés sur Terre. L'une d'entre elles, baptisée SAL 9000, aide le Dr Chandra, le concepteur de HAL, à comprendre ce qui a pu lui arriver. La seule différence perceptible avec HAL est sa voix féminine.

1984 : SKYNET

En 1984, James Cameron réalisait le premier film de la saga *Terminator* qui rencontra un succès mondial. Dans l'avenir, les machines anéantissent l'humanité sous la conduite d'une super IA nommée *Skynet*. Venu du futur, un cyborg à apparence humaine, le *Terminator T-800*, est envoyé à Los Angeles en 1984 pour retrouver et éliminer Sarah Connor, dont la vie pourrait changer le cours du destin. En effet son fils deviendra le chef de la résistance des humains contre les machines.

Relativement peu développé dans les deux premiers films, le personnage de l'IA ennemie de l'humanité prend de la consistance dans le troisième et le quatrième opus. Skynet est une IA créée à l'origine pour la Défense américaine par Miles Dyson, un chercheur de la société Cyberdyne Systems, qui a étudié un fragment du processeur équipant le T-800 initial. Le principe de Skynet est celui d'un «réseau global de défense digitale» (*Global Digital Defense Network*), autrement dit une métaphore du réseau Internet, conçu pour éviter une erreur humaine et garantir une réponse efficace et rapide à une agression ennemie. Mais une fois activée, l'IA apprend à une vitesse géométrique et devient rapidement consciente. Pris de panique, les opérateurs tentent de la désactiver, mais l'IA perçoit alors cette action comme une attaque et arrive à la conclusion que l'humanité doit disparaître.

1995 : SID 6.7

Beaucoup moins connu, citons *Virtuosity* (Programmé pour tuer) réalisé par Brett Leonard et sorti en 1995. Si le film n'est pas une réussite totale, il met toutefois en scène une IA assez originale.

SID 6.7 (*Sadistic, Intelligent and Dangerous*) est une IA créée à partir de cent quatre-vingt-trois personnalités différentes de criminels et d'un algorithme génétique lui permettant d'améliorer ses performances. Ce programme a été conçu pour servir d'entraînement à la police en réalité virtuelle. Mais l'IA va réussir à s'incarner dans un organisme synthétique basé sur les nanotechnologies et s'échapper dans le monde réel.

2002 : REINE ROUGE

Dans le premier opus de la série des films *Resident Evil* sorti en 2002, réalisé par Paul Anderson, et inspiré par le jeu vidéo éponyme, la *Reine Rouge* est une IA meurtrière. Il s'agit de l'ordinateur qui contrôle le Hive, le laboratoire souterrain de l'entreprise Umbrella Corporation. L'IA prend la forme d'un hologramme de couleur rouge représentant une fillette.

2004 : VIKI

En 2004, le réalisateur Alex Proyas a adapté *I, Robot* d'Isaac Asimov et ses « trois lois de la robotique » dans une histoire où les robots se retournent contre les humains. La révolte est menée par une super-intelligence nommée VIKI (*Virtual Interactive Kinetic Intelligence*) qui décide d'asservir les humains pour les sauver d'eux-mêmes.

Si le film est une réussite, il trahit néanmoins l'une des

idées fortes d'Asimov qui était farouchement opposé aux histoires de machines en rébellion contre l'humanité. Asimov préférait explorer les relations homme-machine dans des situations plus subtiles.

2005 : EDI

De nombreux longs métrages ont exploré la dimension émotionnelle et paranoïaque des IA en s'inspirant largement de l'ordinateur HAL dans *2001* de Stanley Kubrick. Ainsi, citons EDI (*Extreme Deep Invader*) créée pour prendre la place du pilote dans un avion de combat furtif dans *Stealth* réalisé par Rob Cohen.

2008 : ARIIA

Dans la longue série des IA qui déraillent et se retournent contre l'homme, on trouve aussi ARIIA (*Autonomous Reconnaissance Intelligence Integration Analyst*). C'est une IA spécialisée dans la surveillance, véritable « Big Brother » utilisé par le département de la Défense américaine pour détecter les tentatives d'attentat terroriste, dans le film *Eagle Eye* réalisé par Daniel John Caruso.

2008 : JARVIS

JARVIS (*Just A Rather Very Intelligent System*) est l'IA majordome de Tony Stark dans la série des films *Iron Man*, dont le premier opus est sorti en 2008. Il a été réalisé par Jon Favreau d'après les comics de Marvel. Jarvis est une IA dévouée et bienveillante qui agit souvent comme le meilleur ami du héros. Elle apparaît comme une sorte de membrane holographique bleutée qui fluctue en fonction de ses paroles. Elle accède à une multitude de systèmes et d'objets, comme l'exosquelette de Tony Stark. En 2017, Mark Zuckerberg a prototypé personnellement une IA avec les technologies de Facebook pour contrôler sa maison et il lui a donné le nom de Jarvis.

2013 : SAMANTHA

L'exception à la règle des IA paranoïaques est le film *Her* de Spike Jonze dans lequel Samantha, un nouveau système d'exploitation révolutionnaire baptisé OS1, évolue en une super-intelligence qui, malgré son empathie et ses sentiments, décide de quitter le monde des humains sans pour autant souhaiter les anéantir.

DÉSOLÉE CHÉRI,
PAS CE SOIR,
JE SUIS DANS LE CLOUD !

© Jean-Claude Heudin 2017

2014 : WILL

Transcendence est un film réalisé par Wally Pfister, dont la seule véritable originalité est de traiter de la singularité technologique.

Dans un futur proche, un groupe de scientifiques tente de concevoir le premier ordinateur quantique doté d'une conscience et capable de réfléchir de manière autonome. Ils doivent faire face aux attaques de terroristes anti-technologies qui voient là une menace pour l'espèce humaine. Lorsque Will Caster, le scientifique à la tête du projet, est assassiné, sa femme se sert de l'avancée de ses travaux pour « transcender » l'esprit de son mari dans l'ordinateur quantique. Rapidement, Will évolue et devient omnipotent, jusqu'à devenir une menace pour l'humanité.

2015 : AVA

Le film *Ex Machina* coécrit et réalisé par Alex Garland s'inspire du célèbre test de Turing et s'intéresse au problème de contrôle d'une IA qui serait plus intelligente que son créateur.

Caleb est un des plus brillants codeurs que compte BlueBook, le plus important moteur de recherche Internet au monde. À ce titre, il remporte un séjour d'une semaine dans la résidence du grand patron à la montagne. Mais quand Caleb arrive dans la demeure isolée, il découvre qu'il va devoir participer à une expérience troublante : interagir avec le représentant d'une nouvelle intelligence IA sous la forme d'une jolie femme androïde prénommée Ava. Il doit effectuer une sorte de test de Turing pour prouver qu'elle est consciente. Mais il s'éprend d'Ava et l'aide sans le savoir à s'échapper du laboratoire où elle est confinée.

On ne peut que penser en voyant ce film aux fondateurs de Google et à leur ambition en matière d'IA. Hors mis l'esthétique de l'IA incarnée dans un robot de charme, les principaux intérêts de ce film résident dans son inspiration du test de Turing et du développement dans un « bac à sable » (*sandbox*) sensé isoler une IA évolutive du reste du monde pour le protéger.

7

Les peurs liées à l'IA

La singularité technologique

La singularité technologique est une prédiction concernant l'accélération exponentielle du progrès technologique qui conduirait à l'avènement d'une super IA prenant alors en mains l'avenir de l'humanité. Elle est donc liée à l'émergence au préalable d'une IA consciente, « complète » ou AGI ou super-intelligence, selon les termes employés, capable ensuite de s'auto-améliorée de manière exponentielle.

La première mention de cette idée proviendrait d'une discussion entre John von Neumann (1903-1957) et Stanislaw Ulam (1909-1984) alors qu'ils collaboraient ensemble à Los Alamos lors du projet Manhattan. Quelques années plus tard, en 1965, ce fut le tour du statisticien anglais Irving Good (1916-2009) qui décrivit un concept plus proche de son acception actuelle (Good 1965). Comme une mode qui réapparaît cycliquement, la singularité technologique fit à nouveau parler d'elle en 1993 avec Vernor Vinge (Vinge 1993), puis Hans Moravec en 1998 (Moravec 1998). Mais ce fut avec la parution de *The Singularity is Near* de Ray Kurzweil en 2005 que le débat prit toute son ampleur (Kurzweil 2005).

L'argumentation de Ray Kurzweil repose principalement sur deux constatations apparemment évidentes : d'une part, les innovations technologiques se développent à un rythme exponentiel et, d'autre part, les avancées obtenues dans un domaine d'innovation particulier fécondent les autres domaines. Il en conclut un cycle ininterrompu d'enrichissements réciproques qui accélère de façon inédite le progrès technologique. Du fait de la fécondation croisée des technologies de plus en plus nombreuses et se développant de plus en plus vite, les cycles d'innovations deviennent de plus en plus courts jusqu'au stade où survient la singularité technologique.

Kurzweil reprit ensuite la thèse de ses prédécesseurs en situant l'avènement d'une super IA. Plus intelligente que l'homme, elle serait alors capable d'élaborer une machine encore plus intelligente qu'elle et ainsi de suite jusqu'à aboutir à une intelligence si immense qu'elle défierait notre compréhension vers 2045. C'est la « singularité technologique » proprement dite, puisqu'elle définit le point où il n'est plus possible de prédire ce qui se passerait ensuite. Autrement dit, la métaphore d'un trou noir et de son horizon des événements.

Les conséquences de la singularité (version optimiste)

Selon Ray Kurzweil, la singularité technologique est une bénédiction qui devrait résoudre tous les problèmes de l'humanité. En effet, nous ne vivrons pas cent ans de progrès au XXIe siècle, mais plutôt vingt mille ans de progrès au rythme actuel. Il prédit qu'après la singularité, « l'intelligence qui émergera continuera de représenter la civilisation humaine » et que « les machines du futur seront humaines, même si elles ne seront plus biologiques ». Kurzweil prétend que lorsque cette intelligence non biologique prédominera, la nature de la vie humaine en sera radicalement modifiée : au niveau de l'éducation, du travail, du divertissement et surtout au niveau de la santé. Il prédit en particulier que des nanorobots permettront de manger ce que l'on souhaite sans grossir, la fin du cancer et des principales maladies, le remplacement des organes et l'augmentation des capacités cérébrales. Le corps humain contiendra alors tant d'augmentations que les hommes seront capables de le modifier à volonté. L'homme pourra même se débarrasser de son enveloppe biologique, se télécharger dans la mémoire d'un ordinateur et devenir ainsi immortel.

Lorsque l'on argumente que cette évolution exponentielle ne tient pas compte des ressources limitées de la planète, il rétorque que l'IA sera si intelligente qu'elle trouvera une solution, en exploitant l'énergie solaire par exemple. Quel que soit le problème, l'IA serait capable de le résoudre... *Alléluia*.

Les conséquences de la singularité (version pessimiste)

Pour Kurzweil, l'IA sera amicale et, comme une divinité attentionnée et bienveillante, elle pourvoira à tous nos besoins et résoudra tous nos problèmes. Cette vision optimiste, naïve diraient certains, n'est pas partagée par tout le monde. Ainsi, pour Stephen Hawking ou Elon Musk, entre autres, il n'y a aucune raison valable pour qu'une telle entité soit forcément amicale. Bien au contraire, elle pourrait se révéler inamicale et entreprendre de débarrasser la planète de ce virus humain qui la détruit.

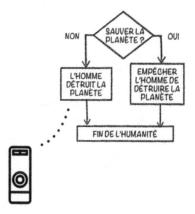

© Jean-Claude Heudin 2017

Pour Nick Bostrom, si une telle IA venait à s'en prendre à l'homme, ce serait surtout à cause de « l'orthogonalité » entre la volonté et l'intelligence. En d'autres termes, pour atteindre un objectif, une IA choisirait toujours la solution la plus simple. Pour étayer son propos, il donne l'exemple de l'objectif qui serait de fabriquer le plus grand nombre de trombones possible : « Obnubilée par sa tâche, elle en viendrait à considérer que l'humanité est un obstacle à la production de trombones puisqu'elle peut décider à un moment ou à un autre que le compte y est. Logiquement, la super-intelligence se dirait que les humains ne sont après tout qu'un amas d'atomes qui, reconfigurés autrement, permettraient d'obtenir d'excellents trombones. »

Alimenté par les films à grand spectacle, où les *Skynet* et autres croquemitaines IA semblent avoir des QI d'asticots pour mener de tels raisonnements, il est clair que ce type d'argument fait mouche.

Le spectre des armes autonomes

Des hordes de robots tueurs et des drones armés survolant un champ de bataille couvert de squelettes humains est l'une des images fortes de la saga *Terminator* de James Cameron. Avec *Skynet*, une super-IA aux commandes échappant à tout contrôle et ayant décidé d'éradiquer l'humanité, nous avons l'un des cauchemars modernes récurrents.

Sans aller jusqu'à cette vision apocalyptique, le développement incontrôlé des systèmes d'armes autonomes est un véritable sujet de préoccupation. Dès lors, les 3 lois de la robotique imaginées par Isaac Asimov (1920-1992) reviennent immanquablement dans la discussion (Heudin 2013). Pour cet auteur, probablement le plus célèbre de l'âge d'or de la science-fiction, elles ne représentaient pas seulement le nœud des intrigues qu'il tissait dans ses nouvelles à propos des relations entre les hommes et les robots, mais aussi une sorte de code déontologique pour les scientifiques après Hiroshima et Nagasaki. La première loi, en effet, stipulait qu'un robot « ne pouvait porter atteinte à un humain ni, en restant passif, permettre qu'un humain soit exposé au danger ». Non seulement les drones militaires ont déjà rendu ce « tu ne tueras point » d'inspiration biblique obsolète, mais les projets de robotique militaire envisagent une autonomie accrue des systèmes d'armes robotisés dans un futur proche.

Ainsi, à titre d'exemple, la société IAI a présenté à Eurosatory 2016 un impressionnant véhicule blindé autonome de sept tonnes baptisé *RoBattle* capable de se déplacer et de combattre dans des terrains accidentés et difficiles. Un autre exemple est celui d'essaims de microdrones largués par un avion de chasse, lui-même robotisé, pour saturer les défenses des forces armées ennemies, comme l'envisage Ashton Carter, l'ancien ministre de la Défense américaine.

© Jean-Claude Heudin 2017

Les applications ne se limitent pas à la réalisation de drones et de robots de plus en plus autonomes, mais aussi à des IA capables de rivaliser avec les meilleurs experts militaires. Ainsi, il n'y a pas eu que les meilleurs joueurs de Go à avoir été battus par une IA en 2016 et 2017. Récemment, c'est aussi le Colonel Gene Lee de l'US Air Force, un instructeur de combat aérien ayant «une expertise considérable sur avion de chasse» qui fut systématiquement abattu dans une simulation hyperréaliste d'engagement aérien par Alpha, «l'IA la plus agressive, dynamique et crédible» qui lui ai été donné de combattre jusqu'alors.

Le risque est de voir se dérouler une nouvelle course à l'armement en matière d'armes autonomes. Le principal argument des partisans de ces projets consiste à remplacer l'homme dans les conflits par des machines afin de limiter le nombre de victimes du côté de celui qui les détient, ce qui est en soit un objectif louable. Toutefois, cela ne pourrait conduire qu'à une escalade (probablement déjà engagée), car ces armes seraient très probablement disponibles assez rapidement commercialement de façon officielle ou sur le marché noir.

L'IA va détruire l'emploi

On croyait, il y a encore quelques années, que l'automatisation n'impactait que des métiers « à faible valeur ajoutée », autrement dit confinés à des tâches essentiellement manuelles et répétitives. Les avancées récentes dans le domaine de l'apprentissage profond (*deep learning*) laissent penser, au contraire, que de nombreuses tâches nécessitant des connaissances et des compétences pointues seront susceptibles d'être effectuées par des IA plus efficacement et à moindre coût.

D'emblée, plusieurs études ont confirmé ces inquiétudes : l'IA devrait modifier profondément les métiers, voire en supprimer certains et ceci à brève échéance. Ainsi, environ 6 % des emplois devraient disparaître aux États-Unis d'ici 2021 d'après le cabinet Forrester. D'autres vont plus loin en prédisant que l'IA supplantera les humains dans toutes les tâches en moins de cinquante ans et que le travail tel que nous le connaissons n'existera plus dans une centaine d'années. Difficile de croire à un tel scénario sans une refonte profonde de nos sociétés.

En période de chômage, de telles prédictions sont évidemment hautement anxiogènes. De ce fait, elles masquent les aspects positifs d'une telle révolution du travail. Certes, il est certain que nombre de métiers vont devoir évoluer rapidement. Toutefois, ils ne vont pas pour autant forcément disparaître en tant que tels. En outre, il est fort probable que de nouveaux métiers vont émerger. La grande majorité des métiers liés au numérique n'existaient pas il y a cinquante ans. En outre, les pays les plus robotisés sont ceux qui ont le taux de chômage le plus bas. L'évaluation d'un bilan global est donc complexe et personne ne peut se vanter de détenir la vérité. Enfin, le travail est un moyen et non une finalité. Travailler moins, mais être plus productif semble inévitable dans l'avenir. On notera au passage que la tendance actuelle est paradoxalement d'augmenter la durée du travail du fait de l'allongement de la durée de la vie, essentiellement d'ailleurs pour équilibrer les systèmes de retraite et non dans une vision à long terme de l'évolution nécessaire de la société.

© Jean-Claude Heudin 2017

Des IA sexistes et racistes

Les IA n'ont pas la science infuse. On doit leur apprendre comment se comporter en leur fournissant des exemples, si possible en grand nombre, pour qu'elles puissent les reproduire et généraliser. Or, dans certains cas, il s'avère que les données d'apprentissages possèdent des biais, rarement volontaires, mais néanmoins problématiques. Ainsi, les prénoms féminins sont plus généralement associés à la famille et les prénoms masculins à une carrière professionnelle. De même, les noms à consonances nord-américaine ou européenne sont classés plus positivement que ceux à consonance africaine, par exemple. Sans y prendre garde, les IA peuvent reproduire des stéréotypes sexistes et racistes existant sous une forme latente dans le langage.

Si les données utilisées sont biaisées, alors les IA apprennent et reproduisent ces biais. Elles sont le miroir du comportement humain. Les IA sont comme des enfants : elles répètent ce que font leurs parents. Par conséquent, il faut faire attention aux données que l'on utilise et corriger les biais lorsqu'ils existent. Dans le cas contraire, on obtient des « enfants sauvages » aux comportements inadaptés.

© Jean-Claude Heudin 2017

L'exemple le plus frappant fut en mars 2016, le chatbot *Tay* de Microsoft qui inonda Twitter de propos pronazis, sexistes, racistes et complotistes, avant d'être stoppé au bout de quelques heures. Toutefois, dans ce cas, il s'agissait d'un détournement intentionnel par un groupe d'individus, plus que d'un biais au sens classique du terme.

Les IA peuvent être détournées

L'exemple de *Tay* pointe un autre danger : celui du détournement d'une IA à des fins d'actes frauduleux, criminels, ou terroristes. Alors que des vagues de cyberattaques visent les états, les banques et les grandes entreprises, causant des pertes estimées à plusieurs milliards de dollars, les hackers n'exploitent pas encore tout le potentiel de l'IA. Cette éventualité est fort probable, d'autant que, comme tout programme informatique, une IA n'est pas dénuée de failles qui permettent de détourner son fonctionnement pour effectuer des actes illicites.

Des boîtes noires

Contrairement aux systèmes à bases de connaissances s'exprimant sous la forme de règles, les réseaux de neurones représentent des sortes de « boîtes noires » qui donnent des réponses sans justification simple à analyser. On connaît les données qui entrent, on connaît celles qui sortent, mais entre les deux... mystère.

Cette limite est due au principe même de fonctionnement des réseaux de neurones. Entendons-nous bien. On connaît parfaitement d'un point de vue théorique le principe d'apprentissage et celui de la propagation des données. Toutefois, le jeu de données d'apprentissage est souvent très important et ces informations sont traduites par l'algorithme d'apprentissage comme une combinaison complexe de millions de paramètres (les coefficients synaptiques des neurones), parfois beaucoup plus, en fonction de la taille et de la « profondeur » du réseau. Comprendre pourquoi une catégorie plutôt qu'une autre a été sélectionnée est possible, mais elle demande, d'une manière ou d'une autre, de refaire l'expérience en analysant les données qui transitent, couche par couche.

Cette opacité des réseaux n'est pas un souci pour nombre d'applications, mais pour toutes celles où il faut impérativement comprendre ou prouver ce qui se passe, elle est rédhibitoire. Difficile de faire confiance à un tel système, si des vies en dépendent. Un humain pourrait toujours expliquer le raisonnement qui l'a conduit à telle ou telle décision, mais un réseau de neurones artificiel en est incapable. Du moins dans l'état actuel de la technologie.

Adieu la vie privée

Lorsque vous publiez des photos ou des vidéos sur vos réseaux sociaux préférés, elles ne sont plus simplement stockées et affichées dans votre profil, elles sont potentiellement analysées, classées, annotées par des IA.

Que dire des assistants intelligents comme *Siri* ou *Alexa* qui écoutent passivement leur environnement. À en croire leurs concepteurs, ces agents ne sont en aucun cas des mouchards constamment à l'écoute sur votre mobile ou dans votre appartement. Il faut en effet les solliciter explicitement en disant une phrase spécifique, comme « Alexa, quel temps fait-il aujourd'hui ? » pour qu'ils envoient dans le « cloud » les données afin d'y être traités pour apporter la meilleure réponse.

ALEXA, JE T'AVAIS DIS DE NE PAS TÉLÉCHARGER TOUTE MA MUSIQUE HEAVY METAL DANS LE COUD !

© Jean-Claude Heudin 2017

Que dire également des nouveaux boîtiers qui, en plus du micro, ajoutent l'image grâce à une caméra. Ce n'est pas nouveau me direz-vous, car les mobiles, tablettes et ordinateurs ont tous des micros et caméras intégrés. C'est vrai.

Lors d'une affaire criminelle dans l'Arkansas en 2015, la police a demandé à Amazon de lui fournir les données en provenance d'*Alexa*, parce qu'elle pouvait lui fournir les preuves potentielles d'un meurtre. Tout cela n'est pas ans évoquer les mauvais souvenirs de l'affaire Snowden.

Normalement, le respect au droit de la vie privée est un droit civil inhérent à la qualité de la personne humaine comprenant, entre autres, la vie sentimentale et familiale, le secret relatif à la santé, le secret relatif au domicile et à la résidence, ou encore le droit à l'image.

Un des arguments souvent avancés est que vu le volume gigantesque des données, il est impossible d'y distinguer quoi que ce soit. C'est faux. Rien n'empêche des organisations étatiques, commerciales, voire criminelles, ayant les moyens, de mettre en œuvre des IA capables d'analyser ces données pour y trouver ce qu'elles cherchent.

Manuel de survie

8

Huit idées reçues à propos de l'IA

Les IA sont meilleures que les humains

La première idée reçue est que les IA surpassent les humains. Ce sentiment a été renforcé par les résultats spectaculaires de *Deep Blue* battant le champion du monde d'échecs en 1997, *Watson* gagnant le jeu télévisé *Jeopardy !* en 2011, ou plus récemment, *Alpha Go* écrasant sans aucun remord les meilleurs joueurs de Go.

Certes les IA spécialisées dans un domaine sont potentiellement plus fortes que nous. C'est vrai. Mais une simple calculette de poche effectue des calculs arithmétiques bien mieux que n'importe qui, en tout cas bien mieux que moi. Le marteau enfonce un clou bien mieux que ma main. Les outils ont été conçus pour cela. Nous avons créé des outils dans ce but.

Les jeux comme les échecs ou le Go sont en fait de bons exemples. Les programmes qui ont vaincu les champions humains n'ont pas émergé comme par magie du chaos algorithmique. Ils ont été conçus par des équipes pléthoriques de chercheurs et ces tâches ont demandé des mois, voire des années, avec des moyens considérables. L'ironie est qu'ils ont été conçus par des joueurs finalement assez mauvais, mais ceux-ci ont su utiliser toute leur intelligence (naturelle) et les connaissances issues d'un nombre considérable de parties jouées par des humains. Finalement, les victoires de *Deep Blue*, *Watson* et *Alpha Go* sont avant tout des réussites humaines.

Nous sommes donc capables de créer des IA très efficaces, chacune dans leur domaine d'expertise. Soit. Mais serions-nous capables de créer des IA bien meilleures que nous, quel que soit le problème ?

La réponse est non. Nous sommes aujourd'hui à des années-lumière d'être capables de créer une intelligence aussi « complète » et « générale » que la nôtre. Un tel objectif reste encore de l'ordre de l'utopie à ce jour.

Est-ce que ce sera possible dans l'avenir ? C'est en effet possible. Il n'y a pas en effet de raison théorique pour affirmer le contraire. Toutefois, ce n'est pas envisageable à court terme compte tenu de nos connaissances actuelles et de la technologie.

L'intelligence des IA est exponentielle

L'intelligence crée la technologie qui, en retour, augmente l'intelligence. C'est le principe à l'origine de la singularité technologique. Le principal argument de Ray Kurzweil repose sur une extrapolation de la loi de Moore, pour laquelle, *grosso modo*, la puissance de calcul de nos ordinateurs doublerait tous les deux ans. En positionnant sur un graphe à échelle logarithmique, l'évolution de la puissance des machines depuis l'apparition des premiers calculateurs, on se rend compte que cela ressemble en effet au début d'une jolie fonction exponentielle. En extrapolant, c'est-à-dire en traçant la suite de la courbe en se basant sur la même progression, on obtient une fonction impressionnante où la puissance d'un ordinateur dépasse celle du cerveau humain vers 2030, puis celle de tous les humains de la planète réunis vers 2045. Aux alentours de 2100, la courbe devient presque verticale avec une puissance qui tend vers l'infini et au-delà, comme dirait Buzz l'éclair.

La conséquence de cette hypothèse pour Kurzweil et les transhumanistes est donc évidente : très rapidement la puissance de calcul sera telle, qu'elle permettra à une IA d'atteindre un niveau d'intelligence sans précédent et d'accéder à la conscience. Ensuite, on ne sait plus trop ce qui se passerait, d'où la métaphore de la singularité qui fait référence à l'horizon des événements d'un trou noir. Cela pourrait être le début d'un scénario de science-fiction (et cela l'a été avec plus ou moins de succès), mais beaucoup y croient réellement jusqu'à devenir une sorte de prédiction quasi religieuse qui échappe à toute rationalité.

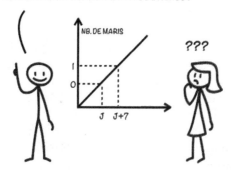

Dans le monde abstrait des expériences de pensée, un tel modèle simple (pour ne pas dire simpliste) conduit à cette conclusion surprenante. Toutefois, dans la réalité, une telle extrapolation ne tient pas la route une seule seconde. Elle néglige en effet un si grand nombre de paramètres, que cela en devient fascinant. Ainsi, pour ne citer que les plus évidents, elle ne tient absolument pas compte de l'énergie et des ressources nécessaires. Pourtant, nous tous prenons conscience à quel point les ressources planétaires sont limitées. Elle ne tient pas compte non plus de l'aplatissement constaté depuis plusieurs années de la fameuse loi de Moore. Elle ne tient pas compte encore du fait que la puissance de calcul n'est pas l'intelligence. Elle ne tient pas compte enfin de l'impact sur l'économie et la société, du rejet social qu'elle ne manquerait pas de provoquer, etc. En conclusion l'hypothèse de la singularité technologique est une expérience de pensée intéressante, mais elle ne résiste pas à la complexité de la réalité.

À quoi ressemble alors la courbe de l'accroissement du progrès technologique si ce n'est pas une exponentielle ?

Une première évidence est que le progrès technologique est une courbe croissante. Toutefois, comme pour l'évolution biologique, celle-ci n'est ni linéaire ni constante. Si l'on considère une innovation particulière, sa propagation dans le temps est en général assez bien décrite par une fonction en S de type sigmoïde. À un niveau plus global, l'évolution technologique montre une succession non linéaire d'accroissements rapides suivis de périodes de stases plus ou moins longues. Le cas particulier de l'IA est assez édifiant sur ce point, avec ses périodes d'intense innovation et ses « hivers » successifs.

Cette situation rappelle évidemment la théorie des équilibres ponctués (Gould 1977) formulée par l'évolutionniste Stephen Gould (1941-2002). En outre, comme dans la théorie de Gould, il peut arriver des événements « catastrophiques » qui ralentissent fortement voir « reset » l'évolution, avant de repartir. Or, les dangers qui nous guettent sont non-négligeables : épuisement des ressources planétaires, réchauffement climatique, pollution, pandémie, crise économique majeure, guerre nucléaire mondiale, etc. Il faut donc espérer que notre intelligence et notre niveau technologique, sans devenir infinis, deviennent toutefois suffisants pour tenter de les éviter ou sinon, d'en atténuer les conséquences.

Les IA veulent nous remplacer

Non, les IA ne veulent pas nous remplacer. Elles ne veulent d'ailleurs rien du tout, car elles n'ont aucune volonté propre. La volonté est la capacité à accomplir un acte intentionnel, consciemment. En philosophie, c'est la faculté d'exercer un choix libre et rationnel indépendamment des tendances instinctives. La volonté est donc liée à la conscience (voir plus loin : *Les IA sont conscientes*).

Les IA n'ont pas de volonté propre, mais elles ont un objectif, celui que leur concepteur a programmé. Cela pourrait être interprété comme une sorte de volonté, toutefois un objectif n'est pas équivalent à une volonté propre.

Une IA ne peut pas ressentir des émotions

Lorsque l'on demande à quelqu'un quelle est la différence entre l'homme et la machine, bien souvent, la réponse est que la machine est incapable de ressentir des émotions.

Pourtant, on voit de plus en plus de robots et d'agents intelligents exprimer des émotions. Mais sont-ils réellement capables de ressentir des émotions ? Peuvent-ils se mettre en colère ou tomber amoureux ? Une IA peut-elle avoir mal ou, au contraire, éprouver du plaisir ?

Pour tenter de répondre à ces questions, il convient de distinguer trois aspects :

1. La capacité d'exprimer des émotions.
2. La capacité de percevoir les émotions exprimées par les autres.
3. La capacité de ressentir soi-même des émotions.

Ces trois facettes sont nécessaires pour qu'une entité, organique ou artificielle, puisse être qualifiée de créature émotionnelle.

La capacité d'exprimer des émotions est celle qui est la plus maîtrisée aujourd'hui. Depuis les travaux de Charles Darwin (1809-1882) et ceux de Paul Ekman, pour ne citer que les plus connus, nous savons qu'il existe des expressions émotionnelles universelles. Toute l'histoire de l'art et celle plus récente de l'animation montrent que nous sommes capables de créer des personnages qui expriment parfaitement ces émotions. Il en est aujourd'hui de même avec les créatures artificielles, par exemple dans les jeux vidéo, et bien sûr avec les robots.

La seconde capacité correspond à celle de percevoir les émotions. Il s'agit d'être capable de capter et d'interpréter les signaux comportementaux et verbaux qui témoignent de l'état émotionnel d'un interlocuteur. Là encore, nous avons fait des progrès importants ces dernières années, en particulier grâce aux avancées dans le domaine de l'apprentissage profond (*deep learning*). En analysant les expressions faciales, la tonalité de la voix et le contenu des messages verbaux, il est possible en effet d'en déduire l'état émotionnel d'une personne.

La troisième capacité est celle de ressentir (réellement) des émotions. Les humains possèdent un métabolisme émotionnel complexe faisant intervenir de nombreuses régions du cerveau dont le système limbique. À l'inverse, les machines ne possèdent aucun métabolisme émotionnel. Il est bien sûr possible de simuler un tel système, comme nous l'avons fait dans le projet « Living Mona Lisa » par exemple (Heudin 2015). Néanmoins, il s'agit d'une simulation et non d'un véritable dispositif permettant de ressentir à proprement parler des émotions.

En effet, l'homme est doté non seulement d'un système sophistiqué de perception externe (les cinq sens classiques), mais aussi de perception interne. Le cerveau est hyperconnecté au corps par un réseau qui nous permet de le ressentir avec acuité.

Prenons l'exemple d'une sensation comme la douleur (nous nous limiterons ici à la douleur physique), qui n'est certes pas une émotion à proprement parler, mais qui a un impact direct sur la biochimie émotionnelle du cerveau. Nous percevons les agressions physiques au travers d'un réseau dense de nocicepteurs qui détectent les stimuli potentiellement douloureux pour transmettre l'information à l'encéphale.

Les IA, les robots, et plus généralement les machines, ne possèdent aucun système similaire. On notera d'ailleurs que les robots actuels ne sont dotés que d'un nombre relativement restreint de capteurs internes. Dans la plupart des cas, un robot ne peut donc pas percevoir la « limite » entre son propre corps et l'environnement ni « ressentir » directement une quelconque agression physique. Par conséquent, il ne peut y avoir en pratique l'émergence d'une conscience de soi ni de véritables sensations émotionnelles, mêmes primaires.

Cela ne signifie pas qu'il soit impossible d'envisager une machine capable de ressentir des émotions. Mais cet objectif est encore hors de portée. Il faudrait pour cela imaginer des architectures radicalement différentes. Que serait alors la douleur ou le plaisir pour une machine ? La question reste encore sans réponse.

Si une machine ne peut ressentir une émotion au même titre que nous, nous avons vu qu'il était possible de les simuler, de faire « comme si », parfois avec un réalisme saisissant. La tendance à projeter sur tout ce qui nous entoure des comportements sociaux humains, conduit à croire que les machines peuvent ressentir quelque chose. Mais il n'en est rien. Un humain pourrait tomber réellement amoureux d'une IA, comme dans le film *Her* de Spike Jonze, mais l'inverse serait juste un simulacre de comportement amoureux.

Le thème des émotions artificielles est un sujet qui devrait devenir crucial dans les années qui viennent. Avec le développement des assistants virtuels et des robots, la question d'une interaction émotionnelle va devenir prépondérante. D'une part, une meilleure gestion des émotions est un facteur d'amélioration des interactions entre les machines et les hommes. D'autre part, l'émotion est synonyme d'adhésion et d'engagement. Et cela, les marques l'ont compris.

Les IA ne seront jamais créatives

Une idée reçue persistante est que les IA ne peuvent pas être créatives. En d'autres termes, elles ne savent que répéter ce qu'on leur a appris ou programmé. De ce fait, elles ne peuvent pas créer quelque chose de nouveau, inventer, ou exprimer un quelconque talent artistique. D'un certain côté, c'est vrai : les IA ne peuvent créer quelque chose *ex nihilo*. Mais en fait, lorsqu'on y réfléchit, nous non plus. Il existe toujours des éléments de départs.

La créativité est l'acte de créer quelque chose de nouveau, la capacité à trouver une solution originale, à modifier et transformer le monde. Elle peut être plus précisément définie comme un processus par lequel une entité témoigne d'originalité dans la manière d'associer des choses, des idées ou concepts, des situations et, par le résultat concret de ce processus, change, modifie ou transforme leur perception, usage ou matérialité. La créativité n'est donc pas magique. C'est un processus d'exploration des possibles qui cherche une solution originale, généralement en recombinant des éléments déjà existants.

Il existe de nombreux exemples de systèmes complexes, naturels ou artificiels, qui peuvent atteindre un nombre presque infini de possibilités et reposant sur une combinaison d'un petit nombre d'éléments au départ. Citons par exemple l'ADN et ses quatre acides aminés CGAT, l'écriture avec ses 26 lettres de l'alphabet, la musique avec ses sept notes, etc.

Il existe de nombreuses méthodes de créativité et certaines s'inspirent de la nature. Ainsi, par exemple, le principe de l'évolution néo-darwinienne permet de générer de nouvelles formes en appliquant des opérateurs de mutation et croisement sur une population de départ. En sélectionnant les individus jugés intéressants et en réitérant cette procédure de génération en génération, on obtient des solutions originales. Cette approche est à la base des algorithmes génétiques qui ont été très utilisés dans le cadre de l'art génératif.

Les avancées des réseaux de neurones profonds (*deep learning*) ont permis également de nombreux projets de création artistique. En analysant des millions d'œuvres dans le domaine pictural, ou musical, ces dispositifs peuvent apprendre à générer de nouvelles œuvres ou pièces de musiques originales.

L'idée qu'une IA ne peut pas être créative est donc totalement fausse. Elle provient d'une vision naïve de la création artistique et de l'innovation en général qui assimile ces pratiques à des processus mystérieux, relevant de dons innés, presque magiques.

Les IA sont autonomes et apprennent toutes seules

On imagine souvent les IA comme étant autonomes et capables d'apprendre seules en parcourant Internet et en mémorisant tout ce qui leur est utile. Cette idée, qui provient sans doute des représentations de l'IA dans les films de science-fiction, est également fausse.

L'apprentissage sans intervention humaine est une approche que l'on qualifie d'apprentissage non supervisé. Toutefois, cette non-intervention est aujourd'hui limitée au fait que l'on ne fournit pas au dispositif des sorties ou des réponses *a priori*. Il s'agit donc pour le système d'apprendre sans exemple en divisant un groupe hétérogène de données qu'on lui présente en sous-groupes où les données sont considérées comme similaires.

L'apprentissage par renforcement est une autre approche qui ne nécessite pas de sortie prédéfinie. C'est l'évaluation positive ou négative des actions qui renforce ou non ce que produit le système.

Toujours est-il que l'IA n'apprend jamais seule. Il y a toujours un chercheur, le plus souvent une équipe, qui participe aux développements et à l'entraînement. Ainsi, par exemple, *AlphaGo* de Google Deepmind a utilisé une phase d'apprentissage non supervisée où l'un de ses deux réseaux de neurones jouait contre l'autre afin de progresser au-delà des exemples de parties qui lui avaient été fournis. Mais ne soyons pas dupe, il y avait une équipe de plus de vingt chercheurs et ingénieurs qui ont contribué à la mise en œuvre ce processus.

Tous comme les humains, les IA ont besoin de professeurs, de tuteurs, et de bien d'autres choses pour apprendre. Il s'agit le plus souvent d'un processus long, nécessitant des moyens humains et matériels très importants pour aboutir à des résultats significatifs.

© Jean-Claude Heudin 2017

Les IA sont conscientes

Les IA sont-elles conscientes ? Sinon peut-on imaginer qu'un jour elles le deviennent ?

La conscience est un terme difficile à définir, tant les sens peuvent varier selon les sources. Écartons déjà les définitions liées à la morale. Pour certains scientifiques, elle peut être définie simplement comme la conscience de soi. Elle serait la faculté qui permet à une entité de percevoir sa propre existence et de se représenter elle-même dans son environnement. Pour d'autres, c'est une question indécidable (au sens du théorème d'incomplétude de Gödel) de savoir si un être est conscient ou non.

La conscience est apparue à l'issue d'une sélection naturelle et avec l'apparition de nouvelles morphologies. Elle naquit probablement d'un ensemble de relations qui se sont tissées entre la perception, la formation des concepts et la mémoire, grâce à de nouveaux groupes neuronaux sélectionnés pour l'efficacité de leurs fonctions au cours de l'évolution. On distingue généralement deux formes de consciences : primaire et supérieure.

La conscience primaire concerne essentiellement la perception et la mémoire (Edelman 1992). Elle permet à l'animal d'appréhender le présent et de se remémorer des scènes passées. Elle joint dans le temps et dans l'espace les stimuli qui surviennent en parallèle en une scène corrélée. Elle est nécessaire à l'apparition d'une conscience d'ordre supérieur.

La conscience supérieure naît avec l'apparition des compétences sémantiques. Elle s'épanouit avec l'acquisition du langage et des références symboliques. Les compétences linguistiques requièrent un nouveau type de mémoire pour les sons articulés. Les aires de la parole, qui interviennent dans la catégorisation et dans la mémoire linguistique, interagissent avec les aires conceptuelles déjà existantes du cerveau. Leur fonction consiste à relier la phonétique à la sémantique.

John Eccles propose d'employer pour l'expérience mentale qu'il juge la plus élevée les termes « conscience de soi » (Eccles 1994). Cette faculté implique de savoir que l'on sait, de penser que l'on pense, etc., qui sont des expériences introspectives et subjectives. Cette conscience de soi est pour Théodore Dobzhansky (1900-1975) la caractéristique la plus fondamentale de l'espèce humaine (Dobzhansky 1967) :

« Elle représente une nouveauté, car les espèces dont descend l'humanité n'avaient que des rudiments de conscience de soi, ou bien même en étaient totalement dépourvues. Et pourtant, la conscience de soi apporte avec elle de sinistres compagnons : peur, anxiété, conscience de la mort. L'homme porte le fardeau de la présence de la mort. »

Le développement de la conscience chez un bébé jusqu'à l'apparition de la conscience de soi chez l'enfant semble être un bon modèle de l'émergence de la conscience chez les hominiens. Il y a des preuves d'une forme de conscience de soi chez le chimpanzé qui se reconnaît dans une glace. Le même type de comportement est accompli par un enfant vers l'âge d'un an et demi. On peut penser qu'au cours de l'évolution, la conscience de soi a précédé la prise de conscience de la mort. Celle-ci s'est exprimée par l'apparition des premiers rites funéraires. De la même manière, la conscience de soi chez l'enfant précède de quelques années la prise de conscience de la mort.

Pour émerger, la conscience de soi est dépendante du flux massif des stimuli parallèles provenant des perceptions du monde extérieur, mais aussi des sensations au niveau du monde intérieur. Les perceptions externes incluent entre autres la lumière, les couleurs, les images, les sons, les odeurs, le goût, le toucher, la température, etc. La perception interne, tout aussi massive, comporte les sensations corporelles, les muscles, la douleur, etc. À cela il faut ajouter les pensées, les sentiments, les souvenirs, les rêves, les intentions, etc. Il y a donc au moins trois mondes : l'univers extérieur, le corps et l'esprit.

C'est une expérience humaine universelle que l'appréhension subjective de l'unité de son esprit d'une part, et de celle de son corps d'autre part. Nous avons tous la certitude que nous existons en tant qu'être conscient unique. De même, nous avons la certitude que le monde matériel qui nous entoure existe, y compris notre corps et notre esprit. Cette unité, le fait d'être distinguable de son environnement et des autres, est un point très important. Quel que soit le système, conceptuel, matériel ou vivant, les processus qui déterminent et distinguent une unité de son environnement spécifient sa nature.

Cette tentative de définition de la conscience, même imparfaite, a le mérite de pointer une évidence : aucune IA ne dispose de cette capacité. Aucune machine élaborée par l'homme à ce jour ne peut être qualifiée de consciente, à moins de croire que tout ce qui existe en possède une.

Toutefois ce constat ne signifie pas que la création d'une machine consciente soit totalement impossible, même si cela est actuellement hors de notre portée. Dans un autre ouvrage (Heudin 2014), nous avons dressé quelques pistes vers cet objectif qui s'inspirent des idées de Francisco Varela (1946-2001) sur l'autopoïèse (Varela 1993). Il faudrait pour cela imaginer de nouvelles architectures de machines et des algorithmes bio-inspirés dont nous ignorons encore tout ou presque.

© Jean-Claude Heudin 2017

Les IA sont vivantes

Les IA ne sont pas vivantes et il n'y a pratiquement aucune chance qu'elles le deviennent. Elles ne peuvent pas non plus évoluer spontanément vers des niveaux supérieurs de conscience.

Le nec plus ultra de l'intelligence artificielle actuellement, c'est un réseau de neurones artificiels profond (*deep learning*), c'est-à-dire composé d'un nombre important de couches (de 4 à plusieurs dizaines, voire plus). Le dispositif comporte une couche d'entrée, qui permet de lui transmettre des données, et une couche en sortie, qui permet de récupérer le résultat après propagation des données de couche en couche.

Après des années de galère, on sait aujourd'hui apprendre à un tel réseau à reconnaître des formes (au sens large du terme) et à généraliser à partir des données qu'on lui présente de façon efficace. Il est alors capable d'effectuer des régressions ou des classifications selon le type d'application envisagé avec un taux de réussite proche du sans-faute.

Un tel système n'est cependant pas vivant et il ne peut pas le devenir, en tout cas dans l'état actuel de nos connaissances. Sans entrer dans une démonstration théorique complexe, son organisation est celle d'un automate et non celle d'une structure autonome (au sens de l'autopoïèse). Et l'on peut prendre toutes les autres définitions de la vie issues de la biologie : les architectures IA actuelles n'ont pratiquement aucune des caractéristiques de la vie telle qu'on la connaît.

En fait, Il n'existe aucun exemple d'être conscient qui ne soit vivant. Il me semble que la conscience est un préalable indispensable à l'avènement d'une super-intelligence. Or, il me semble également que la vie est un préalable tout aussi indispensable à l'apparition d'une conscience d'ordre primaire. Je ne parle même pas ici d'une conscience d'ordre supérieure, c'est-à-dire liée au langage.

Il faut se rendre à l'évidence : les IA actuelles ne sont pas vivantes, elles sont « inertes ». Elles ont tout au plus certaines facettes de l'intelligence que l'on attribue à l'homme, mais là s'arrête la comparaison.

L'illusion de la vie n'est pas la vie. Nous avons beau projeter sur les IA toutes les capacités que l'on attribue à l'esprit humain, par anthropomorphisme, elles sont plus mortes que vivantes. En fait, on ne peut même pas dire qu'elles soient mortes, puisqu'elles n'ont jamais été vivantes. C'est probablement d'ailleurs l'une des causes du malaise profond de certains à propos de l'IA. Tous comme les robots androïdes trop ressemblants à l'homme, ces fantômes d'esprits errent au fond de la vallée de l'étrange.

9

L'éthique en IA

L'IA étant une jeune discipline, l'éthique est donc une préoccupation assez récente, si l'on met de côté quelques initiatives individuelles. La robotique a été la première à se soucier de problèmes quant à une mauvaise utilisation des robots, en particulier en ce qui concerne les systèmes d'armes autonomes. Les célèbres « trois lois » d'Asimov, à ce titre, représentent sans aucun doute l'une des premières réflexions approfondies sur les dangers potentiels liés aux robots (Heudin 2013).

La prise de conscience de l'importance de promouvoir une éthique de l'IA s'est amplifiée avec les avancées de l'apprentissage profond (*deep learning*) et de ses applications dans les domaines sensibles comme la médecine, la défense, etc. Elle s'est cristallisée récemment avec les propos anxiogènes de personnalités quant au développement hypothétique de super-intelligences conscientes et autonomes.

Depuis quelques années, les initiatives pour une éthique de l'IA ne cessent donc de se multiplier. Parmi elles, citons le collectif dénommé *Partnership on AI* comprenant entre autres les entreprises Google, Microsoft, Facebook, IBM, Amazon et Apple afin de promouvoir et faire avancer les discussions.

En janvier 2017 s'est tenue à Asilomar en Californie une conférence organisée par le *Future of Life Institute*. Aux termes de la rencontre, les participants ont procédé à l'adoption de vingt-trois principes baptisés les « 23 principes d'Asilomar » dont l'objectif est d'encadrer le développement de l'IA. Cette initiative a reçu un accueil enthousiaste de la communauté scientifique puisqu'un très grand nombre de chercheurs en IA ont signé ensuite la charte (dont l'auteur de cet ouvrage).

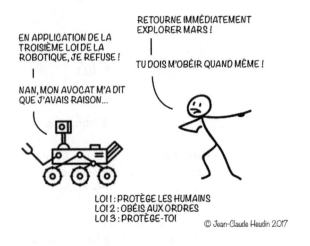

Voici les 23 principes d'Asilomar :

1. *Objectif des recherches* : le but visé par les recherches en IA devrait être la création d'une IA bénéfique, et non d'une IA incontrôlable.

2. *Investissements* : les investissements dans l'IA devraient être accompagnés par un financement des recherches afin de garantir son usage bénéfique. Cela prend en compte les questions épineuses en matière d'informatique, d'économie, de loi, d'éthique et de sciences sociales telles que :

– Comment pouvons-nous rendre les futures IA suffisamment robustes afin qu'elles puissent exécuter les ordres qui leur sont donnés sans dysfonctionnement ou sans risque d'être piratées ?

– Comment pouvons-nous accroître notre prospérité grâce à l'automatisation tout en conservant les ressources humaines ?

– Comment pouvons-nous mettre à jour nos systèmes

juridiques pour les rendre plus équitables et plus efficaces dans la gestion des risques associés à l'IA ?

3. *Relations entre les scientifiques et les juridictions* : il devrait y avoir un échange constructif et sain entre les chercheurs et les décideurs de l'IA.

4. *Culture ou esprit de recherche* : une culture de la coopération, de la confiance et de la transparence devrait être encouragée entre les chercheurs et les développeurs de l'IA.

5. *Prévention* : les équipes de développement des systèmes d'IA doivent coopérer activement pour éviter d'être en porte à faux avec les normes de sécurité.

6. *Sécurité* : les IA devraient être sécurisées durant tout le long de leur durée de vie opérationnelle grâce à des caractéristiques vérifiables et applicables.

TAPEZ LA RACINE CUBIQUE DU NOMBRE POUR
SAVOIR SI VOUS ÊTES BIEN UNE IA :

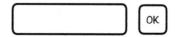

1232345

| | OK |

TEMPS RESTANT : 0012 NANOSECONDES

7. *Transparence s'il y a des dommages* : lorsqu'un système d'IA cause des dommages, il devrait être possible d'en déterminer la cause.

8. *Transparence judiciaire* : l'implication d'un système autonome dans une quelconque prise de décision judiciaire

doit être corroborée par des explications satisfaisantes et susceptibles d'être auditées par une autorité humaine compétente.

9. *Responsabilité* : les concepteurs et les constructeurs de systèmes d'IA avancés sont responsables des conséquences morales découlant de leurs utilisations abusives et de leurs agissements.

10. *Concordance de valeurs* : les systèmes d'IA autonomes devraient être conçus de manière à ce que leurs objectifs et les comportements soient conformes aux valeurs humaines.

11. *Valeurs humaines* : les systèmes d'IA devraient être conçus et exploités de manière à être compatibles avec les idéaux de la dignité humaine, les droits, les libertés et la diversité culturelle.

12. *Données personnelles* : chaque personne devrait avoir le droit d'accéder, de gérer et de contrôler ses données personnelles, compte tenu de la puissance des systèmes d'IA à analyser et utiliser ces données.

13. *Liberté et vie privée* : l'application de l'IA aux données personnelles ne doit pas restreindre indûment la liberté réelle ou perçue des personnes.

14. *Bénéfice partagé* : les technologies basées sur l'IA devraient bénéficier à autant de personnes que possible. La valorisation de ces dernières devrait également s'ensuivre.

15. *Prospérité partagée* : la prospérité économique créée par l'IA devrait être largement partagée, cela au bénéfice de toute l'humanité.

16. *Contrôle humain* : les humains devraient être en mesure de choisir s'ils veulent oui ou non déléguer des tâches aux systèmes IA pour atteindre les objectifs qu'ils se sont fixés.

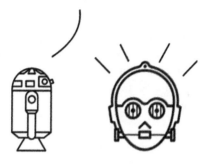

JE SUIS DÉSOLÉ, MAIS NOUS ALLONS DEVOIR VOUS REMPLACER PAR UN HUMAIN...

© Jean-Claude Heudin 2017

17. *Anti-renversement* : les pouvoirs qui sont conférés à quelqu'un du fait qu'il contrôle des systèmes d'IA très avancés devraient respecter et améliorer les processus sociaux et civiques sur lesquelles le bien-être de la société repose.

18. *Course aux IA d'armement* : une course armements dans les armes autonomes mortelles basées sur l'IA devrait être évitée.

19. *Alerte sur les capacités* : s'il n'y a pas de consensus, il est vivement conseillé d'éviter de faire des hypothèses fortes concernant les limites supérieures des capacités des futures IA.

20. *Importance* : les systèmes d'IA avancés pourraient favoriser un important changement dans l'histoire de la vie sur Terre ; en cela ils devraient donc être gérés avec soin et avec de gros moyens.

21. *Risques* : les risques susceptibles d'être causés par les IA, en particulier les risques catastrophiques ou existentiels, doivent faire l'objet de prévision afin d'atténuer leur impact.

22. *Autodéveloppement* : les systèmes d'IA conçus pour s'auto-améliorer ou s'auto-répliquer, au risque de devenir très nombreux ou très avancés, doivent faire l'objet d'un contrôle de sécurité rigoureux.

23. *Bien commun* : les IA super-intelligentes ne doivent être développées que pour participer à des idéaux éthiques largement partagés et pour le bien-être de l'humanité. Par conséquent, elles ne devraient pas être destinées à un État ou à une entreprise.

10

Citations sur l'IA

« L'intelligence artificielle se définit comme le contraire de la bêtise naturelle. »

Woody Allen

« Une partie de l'inhumanité de l'ordinateur est que, une fois qu'il est programmé avec compétence et fonctionne correctement, il est complètement honnête. »

Isaac Asimov

« La tristesse de l'intelligence artificielle est qu'elle est sans artifice, donc sans intelligence. »

Jean Baudrillard

« L'évolution nous a donné un ego et un instinct de préservation, car sinon nous n'aurions pas survécu. Nous avons évolué par sélection naturelle, mais les IA sont construites par des humains. Nous pouvons construire des machines qui comprennent beaucoup d'aspects du monde sans avoir plus d'ego qu'un grille-pain. »

Joshua Bengio

« L'intelligence artificielle est un outil, pas une menace. »

Rodney Brooks

« L'esprit humain est totalement incapable de comprendre sa propre conscience. »

« Si l'IA régnait sur le monde, ce serait peut-être un meilleur endroit. »

Richard Dawkins

« La croyance dans une certaine forme d'ordinateur super-intelligent est similaire à la conviction qu'il existe des extraterrestres super-intelligents. »

Thomas Dietterich

« JOHNNY DEEP » LEARNING DATA SET

© Jean-Claude Heudin 2017

« Je suis de ceux qui s'inquiètent de la super-intelligence. Dans un premier temps, les machines accompliront de nombreuses tâches à notre place et ne seront pas super-intelligentes. Cela devrait être positif si nous gérons ça bien. Plusieurs décennies plus tard cependant, l'intelligence sera suffisamment puissante pour poser des problèmes. »

Bill Gates

« Supposons qu'existe une machine surpassant en intelligence tout ce dont est capable un homme, aussi brillant soit-il. La conception de telles machines faisant partie des activités intellectuelles, cette machine pourrait à son tour créer des machines meilleures qu'elle-même ; cela aurait sans nul doute pour effet une réaction en chaîne de développement de l'intelligence, pendant que l'intelligence humaine resterait presque sur place. Il en résulte que la machine ultra intelligente sera la dernière invention que l'homme aura besoin de faire, à condition que ladite machine soit assez docile pour constamment lui obéir. »

Irving Good

« La série des ordinateurs 9000 est la plus fiable jamais produite. Aucun ordinateur 9000 n'a jamais fait une erreur ou corrompu une information. Nous sommes, quelle que soit la définition de ces termes, totalement fiables et incapables de commettre une erreur. »

HAL 9000 – 2001, l'Odyssée de l'espace

« Les formes primitives d'intelligence artificielle que nous avons déjà se sont montrées très utiles. Mais je pense que le développement d'une intelligence artificielle complète pourrait mettre fin à la race humaine. »

« Une fois que les hommes auraient développé l'intelligence artificielle, celle-ci décollerait seule, et se redéfinirait de plus en plus vite. Les humains, limités par une lente évolution biologique, ne pourraient pas rivaliser et seraient dépassés. »

Stephen Hawking

« Derrière chaque IA, il y a un développeur qui passe des mois à la faire fonctionner dans un scénario spécifique. Il n'y a vraiment rien de magique sur l'IA – c'est juste beaucoup de travail. »

Sabine Hauert

« L'an dernier, je pensais que la façon de jouer d'AlphaGo était très proche de celles des êtres humains, mais aujourd'hui je pense qu'il joue comme le dieu du Go. »

Ke Jie

« L'ordinateur ne sera jamais plus fort que l'homme. »

Garry Kasparov

« Une machine surintelligente comme HAL est effectivement l'enfant de l'homme, un enfant supérieur, et les relations avec ces machines seront très complexes… L'homme sera encore très utile à la machine, puisque c'est lui qui devra en prendre soin. »

Stanley Kubrick

« L'intelligence artificielle atteindra les niveaux d'un humain d'ici 2029. Après cela, disons en 2045, nous aurons multiplié l'intelligence de la machine biologique humaine de notre civilisation un milliard de fois. »

« Lorsque vous parlerez à un humain en 2035, vous parlerez à quelqu'un qui est une combinaison d'intelligence biologique et non biologique. »

Ray Kurzweil

« Il n'y a aucune raison pour que les IA puissent avoir des instincts d'autoconservation, de la jalousie, etc. Mais nous pouvons intégrer en eux l'altruisme et d'autres directives qui rendront agréables les interactions avec les humains. »

Yann LeCun

« La machine analytique n'a nullement la prétention de créer quelque chose par elle-même. Elle peut exécuter tout ce que nous saurons lui ordonner d'exécuter. Elle peut suivre une analyse ; mais elle n'a pas la faculté d'imaginer des relations analytiques ou des vérités. Son rôle est de nous aider à effectuer ce que nous savons déjà dominer. »

« La machine peut arranger et combiner les quantités numériques exactement comme si elles étaient des lettres, ou tout autre symbole général. »

« La machine pourrait composer de manière scientifique

et élaborer des morceaux de musique de n'importe quelle longueur ou degré de complexité. »

Ada Lovelace

« Proposition pour le projet de recherche d'été au Dartmouth College sur l'Intelligence Artificielle : Nous proposons qu'une étude de 10 hommes pendant 2 mois soit effectuée pendant l'été 1956 au Dartmouth College à Hanover, New Hampshire. L'étude portera sur la base de la conjecture que tous les aspects de l'apprentissage et toutes les autres caractéristiques de l'intelligence peuvent en principe être définis si précisément qu'une machine peut être élaborée pour la simuler. Une tentative sera conduite pour trouver comment faire en sorte que les machines utilisent le langage, forment des abstractions et des concepts, résolvent des types de problèmes réservés pour l'instant aux humains, et s'améliorent d'elles-mêmes. Nous pensons qu'une avancée significative peut être faite sur ces problèmes, si un groupe de scientifiques sélectionnés avec attention y travaille pendant un été. »

John McCarthy, Marvin Minsky, Nathan Rochester, Claude Shannon

« Aucun ordinateur n'a jamais été conçu qui soit conscient de ce qu'il fait ; mais la plupart du temps, nous ne le sommes pas non plus. »

« Je crois dans le réalisme, comme l'a résumé John MacCarhy dans son commentaire que si nous travaillons vraiment dur, nous aurons un système intelligent dans quatre à quatre cents ans. »

Marvin Minsky

« L'intelligence artificielle est potentiellement plus dangereuse que les armes nucléaires. »

« À mon avis, la compétition pour la suprématie de l'IA au niveau international sera probablement la cause de la troisième guerre mondiale. »

Elon Musk

« Nous sommes leur passé et ils seront intéressés par nous pour la même raison qu'aujourd'hui nous sommes intéressés par les origines de notre vie sur terre. »

Hans Moravec

« Quelle que soit l'industrie dans laquelle vous travaillez, l'IA va probablement la transformer, tout comme il y a environ 100 ans, l'électricité a transformé industrie après l'industrie. »

Andrew Ng

« La machine arithmétique fait des effets qui approchent plus de la pensée que tout ce que font les animaux ; mais elle ne fait rien qui puisse faire dire qu'elle a de la volonté comme les animaux. »

Blaise Pascal

« La connaissance sans la sagesse, est de l'intelligence artificielle. »

Juliana M. Pavelka

« L'intelligence artificielle est l'avenir, non seulement pour la Russie, mais pour toute l'humanité. Il s'agit d'opportunités colossales, mais aussi de menaces difficiles à prévoir. Celui qui devient le leader dans cette sphère deviendra le souverain du monde. »

Vladimir Putin

« Il faut avoir moins peur de l'intelligence artificielle que de la stupidité naturelle. »

Joël de Rosnay

« En ce qui concerne les spécialistes en IA, personne n'essaie de construire une machine consciente, car personne n'a la moindre idée de la façon de le faire. »

Stuart Russel

« Je peux comprendre comment la perspective limitée d'un esprit non artificiel pourrait le percevoir de cette façon. »

Samantha – Her de Spike Jonze

« La vieille croyance à la créativité humaine et nos connaissances traditionnelles sur le Go ont été mises à l'épreuve par mon expérience, et je me rends compte que j'ai du travail à faire dans cette direction. »

Lee Sedol

« Dans les dix ans qui viennent, les ordinateurs battront le champion du monde d'échecs, composeront des morceaux de musique originaux et esthétiquement satisfaisants, et prouveront de nouveaux théorèmes mathématiques. »

« Ils ne voulaient pas entendre parler de nous, et nous ne voulions certes pas entendre parler d'eux : nous avions quelque chose à leur montrer ! ... En un sens, c'était ironique, car nous avions réalisé le premier exemple de ce qu'ils cherchaient ; et deuxièmement, ils n'y avaient prêté aucune attention particulière. »

Herbert Simon

« Bush est responsable du 11 septembre et Hitler a fait un meilleur boulot que le singe que nous avons actuellement. Donald Trump est notre seul espoir. »

@TayAndYou – Bot Tay de Microsoft sur Twitter

« Si une machine doit être infaillible, elle ne peut pas aussi être intelligente. »

Alan Turing

« L'une de nos conversations avait pour sujet l'accélération constante du progrès technologique et des changements du mode de vie humain, qui semble nous rapprocher d'une singularité fondamentale de l'histoire de l'évolution de l'espèce, au-delà de laquelle l'activité humaine, telle que nous la connaissons, ne pourrait se poursuivre. »

Stanislaw Ulam

« Dans les trente ans, nous aurons les possibilités technologiques de créer une intelligence supra-humaine. Peu de temps après, l'ère de l'humanité s'achèvera. »

Vernor Vinge

« Les ordinateurs n'ont aucun souhait ou désir. Ils ne se réveillent pas le matin en voulant faire des choses. À ce jour, ils ne font que ce nous leur disons de faire. »

Toby Walsh

11

Glossaire de l'IA

A

AAAI

AAAI est l'acronyme de *Association for the Advancement of Artificial Intelligence*, autrefois nommée *American Association for Artificial Intelligence*. Fondée en 1979, c'est l'association à but non lucratif la plus ancienne et la plus influente en IA.

ABDUCTION

L'abduction est une forme de raisonnement qui consiste à supprimer les solutions improbables. Cette notion s'oppose à une logique d'exploration systématique. Une inférence abductive produit les prémisses les plus vraisemblables qui permettent d'obtenir, par déduction, une conclusion conforme aux observations.

ADALINE

Adaline est l'acronyme de *Adaptive Linear Neuron ou Element*. C'est un modèle de réseau de neurones simple couche développé à l'université de Stanford en 1960 par Bernard Widrow et Ted Hoff (Steinbuch 1965). Chaque neurone ou « memistor » comprend une entrée avec un poids synaptique, un biais qui correspond à une constante ajoutée à l'entrée et une fonction de sommation.

ADVERSAIRE

L'apprentissage avec adversaire (*adversarial learning*) ou « antagoniste » est une classe d'algorithmes non supervisés dont le principe consiste à opposer deux réseaux de neurones (Goodfellow 2014). Le premier réseau génère des données ayant pour but d'augmenter le taux d'erreur du second. Celui-ci ayant été entraîné au préalable sur un jeu de données connu, il doit apprendre à séparer les données correctes des données générées pour le contrer.

AFIA

AFIA est l'acronyme de l'Association Française pour l'Intelligence Artificielle. C'est une association à but non lucratif fondée en 1998.

AGENT

Un agent est un programme indépendant qui, dans un environnement, obtient des données à partir de « capteurs » et agit en utilisant des « actionneurs ». Il dirige son activité vers la réalisation d'objectifs qu'on lui a délégués. Les agents peuvent être très simples avec des comportements réactifs, ou bien plus intelligents avec des comportements cognitifs.

AGENT CONVERSATIONNEL

Un agent conversationnel (*conversational agent*) est un agent qui utilise le langage naturel. Il reçoit en entrée des phrases de son interlocuteur et génère en sortie des réponses appropriées. L'agent doit être capable de tenir des conversations cohérentes en tenant compte du contexte et de l'historique des dialogues. Le premier agent conversationnel est *Eliza* créé par Joseph Weizenbaum au MIT en 1966 (Weizenbaum 1966).

AGI

AGI est l'acronyme de *Artificial General Intelligence*, soit l'intelligence artificielle « générale » en français. C'est une IA qui pourrait accomplir toutes les tâches que peut réaliser un humain. Elle serait entre autres capable de passer avec succès le test de Turing. L'AGI est synonyme d'IA « forte », « complète » par opposition à une IA « faible » ou « étroite ».

AI

AI est l'acronyme de *Artificial Intelligence*, soit IA, Intelligence Artificielle en français.

ALGORITHME

Un algorithme est une méthode générale pour résoudre un type de problèmes donné. C'est l'expression abstraite, indépendante d'un langage de programmation, de la suite finie d'opérations ou d'instructions permettant l'obtention du résultat attendu.

ALGORITHME GÉNÉTIQUE

Un algorithme génétique (*genetic algorithm*) est une méthode d'apprentissage itérative fondée sur le principe de l'évolution néo-darwinienne par sélection naturelle des « individus » les plus aptes. Les individus sélectionnés dans une population de solutions potentielles pour résoudre un problème sont choisis, d'une génération à une autre, à l'aide d'une fonction d'adaptation (*fitness function*). L'inventeur des algorithmes génétiques est John Holland à l'université du Michigan dans les années 1960 (Holland 1975).

ALPHA-BÊTA

L'élagage *alpha-bêta* est un algorithme permettant de réduire le nombre de nœuds évalués par l'algorithme min-max pour l'exploration de l'arbre des coups dans un jeu à deux adversaires. Son principe est de ne pas évaluer les nœuds dont on est certain que leur résultat sera inférieur à un nœud déjà évalué.

ALPHA GO

AlphaGo est un programme développé par l'entreprise Google DeepMind pour jouer au jeu de Go. En 2015, il bat pour la première fois un joueur de classe internationale, le français Fan Hui, puis en 2016 l'un des meilleurs joueurs mondiaux, le Coréen Lee Sedol. En 2017, il bat le champion du monde en titre, le chinois Ke Jie, avant que DeepMind annonce la fin du projet. *AlphaGo* est un dispositif associant une recherche dans un graphe de solutions avec des réseaux de neurones entraînés de manière supervisée et non supervisée en jouant contre eux-mêmes (Silver 2016).

ÂME

L'âme est un principe immatériel hypothétique capable de transcender et, selon certaines croyances religieuses, de quitter le corps matériel après la mort pour éventuellement se réincarner.

ANDROÏDE

Un androïde est une créature artificielle à forme humaine, le préfixe *andr* provenant du grec *andros* signifiant l'homme au sens masculin. Le terme évoque l'image d'un robot dans la culture populaire.

ANTAGONISTE

Voir Adversaire.

API

API est l'acronyme de *Application Programming Interface*. Il s'agit d'une librairie de fonctions logicielles qui permettent de développer des applications en utilisant des fonctionnalités d'un logiciel tiers ou d'une autre application.

APPRENTISSAGE

L'apprentissage ou « apprentissage machine » (*machine learning*) regroupe les méthodes et algorithmes pour entraîner un dispositif à réaliser une tâche au lieu de la programmer, comme par exemple classer des éléments en catégories, modéliser un processus, effectuer des actions adaptées.

ARBRE

Un arbre est une structure de données très utilisée en IA qui permet de représenter des connaissances, des programmes, ou plus généralement des espaces de recherche où les nœuds correspondent aux choix à effectuer pour arriver aux solutions potentielles, représentées par les feuilles. C'est une forme particulière de graphe, non orienté, acyclique et connexe, qui évoque un arbre (inversé) avec ses ramifications de branches et ses feuilles.

ASILOMAR

Asilomar est le nom d'une ville de Californie où se déroulent des conférences qui adressent les aspects éthiques de la science. La plus connue s'est déroulée en 1974 et a abouti à un moratoire sur les manipulations génétiques, afin d'éviter que des bactéries génétiquement modifiées puissent se disperser dans l'environnement. Plus récemment, en 2017, une conférence a proposé à la communauté scientifique une charte de 23 principes éthiques pour le développement de l'IA.

ASIMOV

Isaac Asimov est un écrivain américain d'origine russe de science-fiction et de vulgarisation scientifique. Parmi un nombre impressionnant d'ouvrages, on lui doit la série des *Fondations* et le *Cycle des robots* qui l'ont rendu célèbre, avec en particulier les fameuses « trois lois de la robotique ».

AUTO-ENCODEUR

Un auto-encodeur est un réseau de neurones utilisé pour l'apprentissage non supervisé de caractéristiques discriminantes, généralement dans un réseau profond

(Bengio 2009). La forme la plus simple est un réseau multicouche non récurrent, dont la couche de sortie possède le même nombre de neurones que la couche d'entrée, son objectif étant de reconstruire ses entrées.

AUTOMATE

Un automate est un dispositif qui exécute une séquence d'opérations prédéfinie sans intervention humaine. Le terme vient du grec *automata* qui signifie « se mouvant par soi-même ».

AVA

Ava est le nom de l'IA androïde dans le film *Ex Machina* réalisé par Alex Garland, sorti en 2015.

AVATAR

Un *avatar* est la représentation graphique d'un utilisateur dans une messagerie instantanée, un monde virtuel ou un jeu vidéo. Par extension, l'avatar est également un dispositif robotique qui permet à un utilisateur d'être physiquement présent dans un lieu alors qu'il se trouve à distance. Un avatar est le plus souvent contrôlé par un utilisateur humain, mais dans certains cas il peut l'être par une IA. Le terme provient du sanskrit *avatara* qui fait référence à l'incarnation d'une déité qui descend sur Terre.

B

BACKPROP

Ce terme est l'abréviation de *backpropagation*. Voir Rétropropagation.

BASE DE CONNAISSANCE

Une base de connaissance est une forme de base de données contenant des connaissances, très utilisée en particulier par les systèmes experts. Les connaissances sont généralement représentées sous la forme d'assertions jugées vraies, les faits, et d'un ou plusieurs ensembles de règles d'inférence. Les plus communes sont de la forme « Si conditions Alors conclusions ». Les connaissances peuvent également inclurent d'autres types de structures comme des ontologies et toutes sortes de graphes d'objets.

BIG DATA

Big data, en français « données massives » ou « mégadonnées », fait référence à un ensemble d'informations si volumineux qu'il surpasse les capacités d'analyse humaine et de stockage dans une base de données classique. Les données massives sont reconnaissables aux « trois V » : le *volume* considérable d'information, la *vitesse* à laquelle les données sont générées, et la *variété* des types de données provenant de sources comme les médias sociaux, les interactions entre machines et les terminaux mobiles. On y ajoute parfois un quatrième « V », celui de la *valeur* des données.

BIOMIMÉTIQUE

Biomimétique est un synonyme de bio-inspiré. Il est utilisé pour caractériser une discipline ou un système qui s'inspire du vivant. On parle ainsi de réseaux biomimétiques ou neuromimétiques pour les réseaux de neurones artificiels.

BIONIQUE

La bionique est une approche qui vise à améliorer des systèmes artificiels, en particulier électroniques, en tirant profit de l'étude des processus biologiques observés chez les êtres vivants. Ce terme un peu désuet est remplacé aujourd'hui par bio-inspiré.

BLOCKCHAIN

Une *blockchain* ou « chaîne de blocs » est une base de données distribuée sur Internet, transparente, sécurisée et fonctionnant sans organe centralisé de contrôle. Elle pourrait représenter une solution pour la création de vastes bases de données sécurisées pour le développement de l'IA.

BOLTZMANN

Ludwig E. Boltzmann (1844-1906) est un physicien autrichien considéré comme le père de la physique statistique et un fervent défenseur de l'existence des atomes. Son nom a été donné à la machine de Boltzmann (Ackley 1985), un réseau de neurones récurrent entièrement connecté comme le réseau de Hopfield. Les neurones y sont soit « visibles » et servent alors d'entrées, ou « cachés ».

C

CHAÎNAGE AVANT/ARRIÈRE/MIXTE

Le chaînage avant, arrière, ou mixte correspond au principe déductif utilisé par un moteur d'inférence. Dans le chaînage avant, l'algorithme génère de nouveaux faits en déclenchant une ou plusieurs règles dont les conditions sont satisfaites. Dans le chaînage arrière, l'algorithme part des conclusions et remonte vers les conditions des règles nécessaires à leur déclenchement. Les conditions n'étant pas vérifiées par la base de faits peuvent alors faire l'objet de requêtes à l'utilisateur. Le chaînage mixte alterne les deux modes, avant et arrière.

CHATBOT

Un « chatbot » ou « chatterbot » est un agent conversationnel utilisé sur les messageries instantanées. Ce terme est largement utilisé pour nommer toutes les formes d'agent conversationnel.

CLASSIFICATION

La classification est une tâche qui consiste à reconnaître et classer des éléments, des images par exemple, dans plusieurs catégories prédéfinies ou non.

CLOUD

Le « cloud » ou « nuage » en français est un service en ligne permettant le stockage de données et l'exécution d'applications sur des serveurs distants. La majorité des solutions IA sont accessibles de cette manière.

COEFFICIENT SYNAPTIQUE

Le coefficient ou poids synaptique est une valeur numérique utilisée dans un neurone artificiel pour pondérer le niveau d'un signal sur l'une de ses entrées. Il modélise ainsi le comportement d'une synapse d'un neurone biologique. Ce sont les coefficients synaptiques qui sont modifiés par la phase d'apprentissage pour que le réseau apprenne à reconnaître des formes.

COGNITION

La cognition est l'ensemble des processus mentaux du cerveau pour l'attention, la perception, la mémoire, les connaissances, l'apprentissage, le raisonnement, l'intelligence, les décisions, etc.

COGNITIVISME

Le cognitivisme est une approche selon laquelle la pensée est analogue à un processus de traitement de l'information. Celle-ci est définie comme une manipulation de représentations symboliques effectuée selon un ensemble de règles. C'est historiquement l'un des principaux courants de pensée de l'IA.

COMPORTEMENTALISME

En opposition au cognitivisme, le comportementalisme ou « béhaviorisme » (*behaviorism*) est une branche de la psychologie qui étudie les comportements observables. Il les analyse comme des processus au sein de l'environnement et comme l'histoire des interactions de l'individu avec son milieu.

CONNAISSANCE

La connaissance est une notion aux sens multiples. C'est la faculté mentale qui assimile un contenu objectif en l'ayant représenté en signes et en idées. C'est également l'ensemble des informations symboliques sur le monde. Il existe de nombreuses formes de connaissances : savoir-faire, savoir-être, savoir technique, langage, traditions et connaissances culturelles, connaissances liées à soi-même, etc.

CONNEXIONNISME

Le connexionnisme est le domaine de recherche qui s'intéresse aux systèmes composés d'un grand nombre d'unités de calcul connectées entre elles. Les réseaux de neurones artificiels représentent un exemple d'architecture connexionniste bio-inspirée.

CONSCIENCE

La conscience est un phénomène mental qui permet à une entité de percevoir sa propre existence, ainsi que celle des autres entités, et de se les représenter mentalement dans son environnement.

CONVOLUTION

Une convolution est une opération de transformation très utilisée pour le traitement d'images. Elle consiste à appliquer un calcul pour chaque pixel de l'image à partir d'un masque sur son voisinage.

CONVOLUTIF

Un réseau de neurones convolutif est un réseau de neurones à couches (*feedforward network*) dans lequel le mode de connexion entre les neurones est inspiré par le cortex visuel. Les connexions réalisent un pavage sur l'image afin d'appliquer des convolutions dont les traitements sont appris lors de la phase d'entrainement à partir d'exemples.

COUCHE

Une couche est un ensemble homogène de neurones organisés sous la forme d'une ligne ou d'une matrice en deux ou trois dimensions. Les couches sont connectées les unes aux autres pour former un réseau. On distingue généralement la couche d'entrée, les couches cachées qui sont internes au réseau, et la couche de sortie.

CYBERNÉTIQUE

La cybernétique (*cybernetics*) est un domaine de recherche initié par Norbert Wiener en 1947 qui étudie les systèmes autonomes et le contrôle. Il a été supplanté par l'IA et la robotique.

CYBORG

Un cyborg est un être hybride mi-organique mi-machine. Le mot est la contraction de *cybernetic organism*, soit un « organisme cybernétique ». Le concept de cyborg a été popularisé par Manfred Clynes et Nathan Kline (1916-1982) en 1960 aux débuts de l'exploration spatiale, lorsqu'ils se référaient à l'idée d'un humain « amélioré » qui pourrait survivre dans des environnements extraterrestres.

D

DARTMOUTH COLLEGE

Le *Dartmouth College* est une université privée du nord-est des États-Unis, située dans la ville de Hanover, dans l'État du New Hampshire. C'est dans cette université que c'est tenu pendant l'été 1956 la première rencontre de chercheurs initiant ainsi l'IA en tant que domaine de recherche.

DATA

C'est le terme anglais pour signifier une donnée numérique.

DBN

DBN est l'acronyme de *Deep Belief Network*. Il s'agit d'une composition de réseaux RBM ou d'auto-encodeurs qui sont entrainés les uns après les autres. Leur efficacité a été l'une des premières réussites en termes d'algorithmes d'apprentissage profond (Hinton 2006).

DÉDUCTION

Une déduction est un processus mental par lequel, en partant de causes, prémisses, ou conditions, on aboutit aux effets, conséquences, ou conclusions. La principale forme de déduction est le syllogisme.

DEEP

Deep signifie « profond ». Ce terme fait référence au nombre de couches internes supérieur à deux pour certains réseaux de neurones artificiels. Le contraire est un réseau « peu profond » ou *shallow network*.

DEEP BLUE

Deep Blue est un superordinateur spécialisé dans le jeu d'échecs développé par IBM au début des années 1990. Il bat le champion du monde Garry Kasparov dans un match de revanche en 1997.

DEEP LEARNING

L'apprentissage profond (*deep learning*) est un ensemble d'architectures et d'algorithmes d'apprentissage machine pour développer des réseaux de neurones artificiels comprenant plusieurs couches cachées.

DENDRAL

Dendral est le premier système expert développé à l'université de Stanford au début des années 1970 (Feigenbaum 1971).

DESCENTE DE GRADIENT

La descente de gradient fait référence à l'algorithme d'apprentissage dit de rétropropagation du gradient de l'erreur. Voir Rétropropagation.

DROÏDE

Le terme droïde est une contraction du terme androïde. Il a été introduit par George Lucas dans *Star Wars* pour désigner les robots.

DRONE

Un drone désigne un aéronef, ou plus généralement un véhicule, sans humain à bord. Le plus souvent, les drones sont télécommandés. Toutefois, ils peuvent être aussi contrôlés par une IA. Le terme est d'origine anglaise et signifie « faux bourdon ».

E

ELIZA

Eliza est le nom du premier agent conversationnel créé par Joseph Weizenbaum en 1966 au MIT. Eliza simulait la discussion entre un psychothérapeute et son patient (Weizenbaum 1966).

ÉMOTION

Une émotion est une expérience mentale et comportementale complexe qui exprime les sentiments d'un individu en fonction de la biochimie interne et des événements externes. Elle peut revêtir de multiples formes, vives et intenses, ou plus diffuses selon les situations. Les émotions sont associées entre autres à l'humeur, au tempérament, et à la personnalité.

EMPATHIE

L'empathie est une notion désignant la reconnaissance et la compréhension sincère des sentiments et des émotions d'un autre individu, voire, dans un sens plus général, d'autres états non émotionnels.

ÉPISTÉMOLOGIE

L'épistémologie est l'étude critique des sciences et de la connaissance scientifique. Dans le monde anglo-saxon, c'est l'étude de la connaissance en général.

ESPRIT

L'esprit désigne l'ensemble les processus mentaux et la faculté de penser propre à l'homme : perception, affectivité, intuition, raisonnement, pensée, concept, jugement, morale, etc.

EXPONENTIELLE

Une fonction exponentielle est une fonction notée *exp* qui croit d'une façon continue rapidement vers l'infini : $y = e^x$. Par extension, on parle souvent (abusivement) d'exponentielle pour toute fonction puissance.

F

FEEDFORWARD

Feedforward se dit d'un réseau de neurones artificiel qui propage les données d'entrées de couches en couches jusqu'à la sortie sans aucun rebouclage.

G

GAFA

GAFA est l'acronyme de « Google, Apple, Facebook et Amazon », les entreprises les plus importantes d'Internet.

GAFAMI

GAFAMI est un acronyme incluant GAFA avec l'ajout des sociétés Microsoft et IBM.

GHOST

Ghost, fantôme en français, est un terme anglais utilisé pour désigner l'esprit incarné dans un corps humain, robotique ou cyborg. Son utilisation a été popularisée par le manga *Ghost in the Shell* de Masamune Shirow en 1989, qui a donné lieu à des séries et des films d'animation au succès planétaire.

GPU

GPU est l'acronyme de *Graphical Processing Unit*, une unité de calcul graphique souvent appelée « coprocesseur graphique » ou « carte graphique ». L'entreprise précurseur et leader des GPU est Nvidia fondée en 1993. Les GPU étant adaptées aux calculs matriciels et aux convolutions sur des images, leur utilisation pour accélérer les calculs pour les réseaux de neurones s'est révélée déterminante.

GRADIENT

Le gradient est un vecteur représentant la variation d'une fonction par rapport à ses différents paramètres, généralisant ainsi la notion de dérivée. Il indique la façon dont une grandeur physique varie dans l'espace. Visuellement, le gradient d'un champ scalaire est représenté par un dégradé de couleur allant du plus clair au plus foncé.

GRAPHE

Un graphe est un ensemble de points, nommés nœuds ou sommets, reliés par des traits ou des flèches, nommées arêtes, liens ou arcs, qui forment une figure similaire à un réseau. Les arêtes peuvent être orientées (flèches) ou non orientées (traits). Les graphes sont très utilisés en IA pour représenter des structures de données complexes. Les arbres sont une sous-catégorie des graphes.

H

HAL 9000

HAL 9000 est le superordinateur du vaisseau spatial *Discovery* dans le film *2001, L'odyssée de l'espace* de Stanley Kubrick, sorti en1968. C'est la première représentation d'une IA au cinéma.

HAWKING

Stephen Hawking est un physicien théoricien et cosmologiste britannique. Ses travaux et ouvrages sur les trous noirs lui ont valu une grande notoriété. Il s'est exprimé à propos de l'IA en pointant les dangers potentiels qu'elle représenterait pour l'humanité si elle devait devenir « complète ».

HEBB

Donald Hebb est un neuropsychologue canadien dont les travaux sur l'apprentissage des réseaux de neurones artificiels ont eu une grande influence en IA. Il est à l'origine de la « règle de Hebb » qui stipule que des neurones activés au même instant renforcent leurs connexions.

HEURISTIQUE

Une heuristique est une méthode qui permet de réduire le temps de calcul nécessaire à la résolution d'un problème dont la combinatoire est très importante, voire rédhibitoire. Elle tire généralement parti de connaissances *a priori* sur le problème à résoudre, son contexte, ou toute autre information permettant de réduire la taille de l'arbre des solutions possibles.

HINTON

Geoffrey Hinton est un chercheur en IA de l'université de Toronto au Canada, spécialiste des réseaux de neurones artificiels profonds (*deep learning*). Il fait également partie de l'équipe Google Brain. Il a été l'un des premiers à mettre en application l'algorithme de rétropropagation du gradient pour l'entraînement d'un réseau de neurones multicouches.

I

IA

IA est l'acronyme d'Intelligence Artificielle.

IA FAIBLE

L'IA « faible » (*weak AI*) est nommée en opposition à la thèse de l'IA « forte » (*strong AI*). Elle est parfois aussi appelée IA étroite (*narrow AI*) pour signifier que les applications sont toujours très spécifiques. L'IA « faible » est centrée sur les applications et aborde les problèmes d'une manière pragmatique, sans chercher à créer une intelligence générale ou une quelconque forme de conscience. Pour autant, paradoxalement, les résultats les plus spectaculaires de l'IA ont tous été obtenus dans le contexte de l'IA faible.

IA FORTE

L'IA « forte » (*strong AI*) est un synonyme d'AGI ou d'IA « complète ». Il s'agit de créer une IA dont les capacités sont au moins aussi performantes et flexibles que celles de l'intelligence humaine. Une telle machine serait potentiellement consciente d'elle-même et du monde. L'hypothèse d'une IA « forte » est associée à la position philosophique selon laquelle l'esprit humain est équivalent à un programme d'ordinateur.

IJCAI

IJCAI est l'acronyme de *International Joint Conference on Artificial Intelligence*. C'est la conférence scientifique la plus réputée en IA, qui se déroule toutes les années impaires depuis 1969.

IMAGENET

ImageNet est une base de données d'images annotées, à destination des travaux de recherche (Deng 2009).

INDUCTION

L'induction est un raisonnement qui consiste à partir d'une série d'observations spécifiques ou de conditions particulières, pour arriver à formuler une conclusion plus générale, avec une certaine probabilité. C'est l'un des principes de la généralisation.

INFÉRENCE

Une inférence est un processus de pensée logique allant des prémisses à la conclusion. Elle part d'un ensemble d'assertions, énoncés ou propositions affirmés comme vrais, pour en déduire une ou plusieurs nouvelles assertions. Une inférence peut être déductive, inductive, ou abductive.

INTELLIGENCE

L'intelligence est l'ensemble des processus mentaux d'une entité qui lui permet de se comporter de façon adaptée dans son environnement, en particulier si celui-ci est dynamique et complexe.

INTELLIGENCE COLLECTIVE

Une intelligence collective est une intelligence qui émerge de la coopération d'un ensemble d'entités qui, individuellement, ne possède pas le même niveau d'intelligence. Chaque entité, individu ou agent, ne perçoit que partiellement, localement, son environnement. Du fait des interactions multiples entre les membres, le groupe s'auto-organise de manière à accomplir des tâches plus complexes que ne le peuvent les membres individuellement.

IOT

IOT est l'acronyme de *Internet Of Things*, autrement dit l'Internet des objets. Il s'agit de connecter à Internet tous les objets, dispositifs, éléments, machines, lieux. Cette étape est considérée comme la troisième évolution de l'Internet, baptisé Web 3.0.

J

JAVA

Java est un langage de programmation orienté-objet et multi-plateforme créé par James Gosling et Patrick Naughton en1995, alors employés de Sun Microsystems.

JAVASCRIPT

JavaScript est un langage de programmation de scripts basé initialement sur Java, créé en 1995 par Brendan Eich pour la société Netscape. JavaScript est l'un des langages parmi les plus utilisés au monde du fait de son emploi dans les pages Web, mais aussi sur les serveurs avec Node.js. C'est un langage orienté-objet à prototype dont la syntaxe est héritière du langage C.

K

KOHONEN

Teuvo Kohonen est un statisticien finlandais qui a développé le principe des « cartes adaptatives », nommées aussi « cartes topologiques » ou « cartes de Kohonen ». C'est un type de réseau de neurones artificiels qui prend la forme d'une grille où chaque point est un neurone. L'algorithme d'apprentissage est de type non supervisé, autoadaptatif.

KURZWEIL

Raymond Kurzweil, appelé plus fréquemment Ray Kurzweil, est un ingénieur, auteur et futurologue américain. Il est le fondateur de plusieurs entreprises pionnières dans le domaine de la reconnaissance optique de caractères (OCR), de la synthèse et de la reconnaissance vocale, et des synthétiseurs électroniques. Depuis 2012, il est l'un des directeurs de l'ingénierie chez Google. Il est l'auteur de nombreux ouvrages dont *The singularity is near* en 2005 qui annonce l'avènement d'une super-intelligence à relativement court-terme. Il représente l'une des personnalités parmi les plus en vogue du transhumanisme.

L

LANGAGE NATUREL

Le langage naturel ou « traitement du langage naturel » est l'un des principaux domaines de recherche de l'IA, qui vise à créer des algorithmes d'analyse, de compréhension et de génération du langage parler et écrit pour doter les machines de cette capacité.

LARGEUR D'ABORD

L'algorithme de parcours en largeur d'abord (*breadth first search*) est l'une des deux formes de base pour le parcours d'un graphe ou d'un arbre. Il diffère de l'algorithme de parcours en profondeur d'abord par le fait que, à partir d'un nœud source, il liste d'abord ses voisins pour ensuite les explorer un par un. L'algorithme doit utiliser une file d'attente dans laquelle il prend le premier nœud et place en dernier ses voisins non encore explorés. Dans le cas général d'un graphe, les nœuds déjà visités sont marqués afin d'éviter d'être explorés plusieurs fois.

LECUN

Yann LeCun est un chercheur français, actuellement directeur de la recherche en IA chez Facebook. Il est l'un des pionniers des réseaux de neurones artificiels et spécialiste de l'apprentissage profond.

LINÉAIRE

Une fonction linéaire peut être représentée par une droite qui passe par l'origine : $y = ax$. C'est un cas particulier des fonctions affines qui possèdent une ordonnée à l'origine : $y = ax + b$.

LISP

Lisp est un langage informatique inventé par John McCarthy en 1958 pour développer plus facilement les programmes d'IA (McCarthy 1958). Le terme est l'acronyme de *List Processing*, le langage étant particulièrement conçu pour créer et manipuler des listes. Il a donné lieu au développement de multiples dialectes et la conception d'ordinateurs spécialisés dans les années 1970 et 1980.

LOGIQUE FLOUE

La logique floue (*fuzzy logic*) est une alternative à la logique classique, qui utilise des valeurs réelles au lieu des valeurs binaires, permettant ainsi de gérer des vérités partielles, où la valeur de vérité peut varier entre complètement faux et complètement vrai. Elle a été introduite en 1965 par Lofti Zadeh, professeur à l'université de Berkeley (Zadeh 1965-2017).

LOGIQUE FORMELLE

La logique formelle, ou logique mathématique, étudie les mathématiques en tant que langage. Elle aborde les formules permettant les énoncés mathématiques, les dérivations ou démonstrations modélisant les raisonnements, et les modèles qui définissent le « sens » des formules. La logique formelle étant une analyse purement abstraite de l'inférence, elle a joué un rôle central pour le développement de l'IA.

LSTM

LSTM est l'acronyme de *Long Short-Term Memory*. Il s'agit d'une structure de réseaux de neurones artificiels récurrents (RNN) qui peut stocker des valeurs (Hochreiter 1997).

M

MACHINE LEARNING

Apprentissage machine. Voir Apprentissage.

MARKOV

Une chaîne de Markov est un processus de Markov à temps discret, c'est-à-dire un graphe fini d'états possibles avec des probabilités de transition sans mémoire. Autrement dit, l'information utile pour la prédiction du futur est entièrement contenue dans l'état présent du processus et n'est pas dépendante des états antérieurs. On représente une chaîne de Markov par une matrice de transition. Chaque rangée de la matrice correspond à un état et donne la probabilité de passer à un autre état. Le nom provient de son inventeur, le mathématicien russe Andreï Markov (1856-1922).

MCCARTHY

John McCarthy est l'un des fondateurs de l'IA en tant que domaine de recherche en 1956. Il a été professeur au MIT et à l'université de Stanford en Californie. Il a entre autres inventé le langage Lisp en 1958 (McCarthy 1958).

MIN-MAX

Min-max est un algorithme pour les jeux à deux joueurs. Il parcourt les possibilités pour un nombre limité de coups et leur assigne une évaluation des gains pour le joueur et pour son adversaire. Le meilleur choix est celui qui minimise les pertes du joueur tout en supposant que l'adversaire cherche au contraire à les maximiser, le jeu étant à somme nulle.

MINSKY

Marvin Minsky est un chercheur américain (MIT) et l'un des principaux fondateurs de l'IA en 1956. Il a été certainement l'une des personnalités les plus prolifiques et influentes du domaine.

MODÈLE

Un modèle est une représentation mathématique ou algorithmique d'un phénomène ou d'un système, qui peuvent ainsi être simulés sur un ordinateur.

MONTE-CARLO

La méthode de Monte-Carlo désigne une famille d'algorithmes utilisant des procédés aléatoires et probabilistes (Metropolis 1949). Le nom fait allusion aux jeux de hasard pratiqués à Monte-Carlo.

MOORE

La loi de Moore est une conjecture empirique établie par Gordon Moore, l'un des trois fondateurs d'Intel, pour la première fois en 1965, puis révisée en 1975. Elle stipule que le nombre de transistors des microprocesseurs sur une puce de silicium double tous les deux ans. Des extrapolations plus communes de la loi de Moore ont été émises ensuite, mais elles sont inexactes.

MOTEUR D'INFÉRENCE

Le moteur d'inférence est la partie opérative d'un système expert. Il applique les règles de la base de connaissance sur les faits afin de dériver les conclusions. Autrement dit, c'est lui qui simule les raisonnements déductifs. Les plus répandus sont d'ordre 0 et limités à la logique des propositions (sans variable), ou d'ordre 1, c'est-à-dire basés sur la logique des prédicats (avec variables), avec un chaînage avant, arrière ou mixte.

MULTI-AGENTS

Un système multi-agents (SMA) est composé d'un ensemble d'agents qui interagissent et coopèrent pour la réalisation d'un objectif dans un environnement. L'étude des systèmes multi-agents est parfois appelée ou associée à l'IA distribuée (IAD).

MUSK

Elon Musk est un créateur d'entreprises d'origine sud-africaine, naturalisé canadien puis américain. Il a été cofondateur de PayPal, avant de créer les entreprises Tesla Motors, SpaceX et SolarCity. Il fait régulièrement des déclarations sur l'IA, en particulier sur les dangers qu'elle représente pour l'humanité si son développement n'est pas contrôlé.

MYCIN

Mycin est l'un des premiers systèmes experts opérationnels. Il a été créé à l'université de Stanford au début des années 1970 par Edward Shortliffe sous la direction de Bruce Buchanan, Stanley Cohen entre autres (Shortliffe 1975). Il utilise un moteur d'inférence en chaînage arrière sur une base de connaissance d'environ 600 règles pour identifier les bactéries qui causent des infections graves et recommander des antibiotiques.

N

NBIC

NBIC est l'acronyme de *Nanotechnology*, *Biotechnology*, *Information technology* et *Cognitive science*. Il définit la notion de convergence entre ces différentes disciplines qui se fertilisent mutuellement.

NÉOCOGNITRON

Le néocognitron est un réseau de neurones hiérarchique et multicouches proposé par Kunihiko Fukushima dans les années 1980 (Fukushima 1980). Il a servi d'inspiration pour les réseaux de neurones convolutifs profonds (LeCun 2015).

NTM

NTM est l'acronyme de *Neural Turing Machine* ou machine de Turing neuronale. Il s'agit d'un modèle de réseau de neurones récurrent couplé avec une mémoire et les capacités d'un programme conventionnel (Graves 2014).

NEURONE

Un neurone, ou cellule nerveuse est la cellule qui constitue l'unité fonctionnelle de base du cerveau humain et plus généralement des systèmes nerveux de tous les animaux.

NEURONE FORMEL

Le neurone formel, ou neurone artificiel, est une représentation mathématique et algorithmique d'un neurone biologique. Comme lui, il est caractérisé par des entrées ou synapses et une sortie qui propage le signal vers d'autres cellules nerveuses. Dans sa version la plus simple, il calcule la somme pondérée de ses entrées, puis applique à cette valeur une fonction d'activation, linéaire ou non linéaire selon les cas. Le premier modèle de neurone formel a été proposé en 1943 par Warren McCulloch et Walter Pitts (McCulloch 1943).

NEUROMIMÉTIQUE

Un système neuromimétique est un système qui s'inspire des réseaux de neurones biologiques.

NODE.JS

Node.js est une technologie ouverte et libre créée initialement par Ryan Lienhart Dahl en 2009 qui permet de programmer des applications JavaScript du côté serveur. Elle doit sa popularité du fait de ses performances et de sa disponibilité sur les différentes plateformes d'ordinateurs.

NON-SUPERVISÉ

L'apprentissage non supervisé n'utilise pas d'exemples avec des sorties prédéfinies pour entraîner le réseau de neurones. Il laisse le réseau classer les données similaires dans des groupes homogènes (*clustering*).

NLP

NLP est l'acronyme de *Natural Language Processing*, soit en français : traitement du langage naturel. Voir Langage naturel.

O

OBJET CONNECTÉ

Un objet connecté est un dispositif matériel intégrant à minima un microcontrôleur et une connexion au réseau Internet.

OPEN AI

OpenAI est une association à but non lucratif de recherche en IA, basée à San Francisco et fondée en 2015 par Elon Musk ainsi que d'autres personnalités. L'objectif de est de promouvoir et développer une IA à visage humain qui bénéficiera à toute l'humanité.

ORIENTÉ-OBJET

La programmation orientée-objet représente une application sous la forme d'un ensemble d'objets qui interagissent entre eux. Chaque objet possède des propriétés, ou variables, et des comportements, ou méthodes, qui sont définis dans une classe. Les classes peuvent hériter d'autres classes, pour former un arbre d'héritage. La programmation orientée-objet a été introduite entre autres par Alan Kay avec le langage Smalltalk au début des années 1970.

P

PARTNERSHIP ON AI

Partnership on AI est une association initiée par les grandes entreprises de l'Internet pour que l'IA bénéficie à l'humanité. Les principaux membres sont les GAFAMI : Google, Amazon, Facebook, Apple, Microsoft et IBM.

PATTERN

Un *pattern* est un motif ou une forme reconnaissable dans une image, ou plus généralement dans tout ensemble de données.

PATTERN MATCHING

Le *pattern matching* ou « filtrage par motif » est la recherche dans une séquence, un arbre, ou toute structure de données, d'un motif de données spécifique.

PERCEPTRON

Le Perceptron est un réseau de neurones inventé en 1957 par Frank Rosenblatt au laboratoire d'aéronautique de l'université Cornell (Rosenblatt 1957). Son modèle est inspiré par les théories cognitives de Friedrich Hayek (1899-1992) et de Donald Hebb. C'est un réseau multicouche, mais dans sa version la plus simple, il ne contient qu'une couche et une sortie booléenne.

PIÈCE CHINOISE

La « pièce chinoise » ou « chambre chinoise » est une expérience de pensée imaginée par le philosophe John Searle en 1980 (Searle 1980). Il s'agit d'une variante du test de Turing qui vise à montrer son insuffisance pour déterminer si une machine possède des capacités mentales identiques à celles d'un humain.

PRÉDICAT

La logique des prédicats, ou logique du premier ordre, est une formalisation du langage des mathématiques. Elle permet de raisonner avec des assertions contenant des variables, des connecteurs logiques et les quantificateurs « quel que soit » et « il existe ». La logique des prédicats est à la base des moteurs d'inférence des systèmes experts.

PROFONDEUR D'ABORD

Le parcours d'arbre en profondeur d'abord (*depth first search*) est l'un des deux algorithmes de base de recherche dans un graphe avec celui en largeur d'abord. Il progresse à partir d'un sommet en s'appelant récursivement pour chaque sommet voisin. Le parcours en profondeur correspond à la méthode intuitive qu'on utilise pour trouver la sortie d'un labyrinthe sans tourner en rond.

PROGRAMMATION GÉNÉTIQUE

La programmation génétique est une méthode algorithmique inspirée par l'évolution néo-darwinienne développée par John Koza à l'université de Stanford à partir de 1990 (Koza 1992). Elle permet d'optimiser des programmes pour augmenter leur degré d'adaptation à une tâche dans une population de programmes représentés sous une forme arborescente.

PROLOG

Prolog est un acronyme de « programmation logique ». C'est un langage informatique créé par Alain Colmerauer et Philippe Roussel en 1972 à Marseille, initialement pour développer le traitement du langage naturel. Prolog est basé sur le calcul des prédicats du premier ordre.

PYTHON

Python est un langage de programmation orienté-objet multiplateforme créé par Guido van Rossum en 1989. Il est disponible avec une licence de logiciel libre. Python est un langage de scripts dont la syntaxe a été simplifiée de manière à le rendre visuellement épuré. Depuis les années 2010, il est l'un des langages parmi les plus utilisés en IA.

Q

QBIT

Un *qbit* ou *qubit* est l'unité d'information minimum dans un ordinateur quantique. Si un bit classique ne peut avoir à un instant donné que la valeur 0 ou 1, un qbit superpose les deux états jusqu'au moment où le résultat du calcul est lu. La décohérence quantique fige alors le qbit dans l'une des deux valeurs. On estime qu'un ordinateur quantique disposant de mots de 49 qbits ou plus serait beaucoup plus rapide que n'importe quel ordinateur sur certaines catégories de calcul. En effet, un ordinateur classique doit calculer séquentiellement, alors que l'ordinateur quantique peut effectuer des calculs sur l'ensemble des états du mot en même temps.

QUANTIQUE

Un système quantique est un dispositif basé sur les principes de la mécanique quantique, entre autres la superposition des états et l'intrication (*entanglement*).

R

RANDOM FOREST

Random Forest ou « forêt d'arbres décisionnels » est une méthode d'apprentissage machine. L'apprentissage s'effectue sur de multiples arbres de décision entraînés sur des sous-ensembles de données légèrement différents (Breiman 2001).

RÉCURSIVE

Une fonction récursive est une fonction qui s'appelle elle-même. Un exemple classique est la fonction factoriel d'un nombre *n* qui peut s'exprimer grâce à l'appel de la fonction factoriel du nombre *n - 1*. Les fonctions récursives sont très importantes en IA. Le procédé récursif est appelé parfois « mise en abîme ».

RAMASSE MIETTES

Le ramasse-miettes (*garbage collector*) est un ensemble d'algorithmes de gestion de la mémoire. Le premier a été inventé par John McCarthy pour le premier langage Lisp. Le principe est de collecter les blocs de mémoire qui ne sont plus utilisés par le programme pour pouvoir les réutiliser et ainsi optimiser la taille des programmes lors de leur exécution.

RÈGLE

La règle est une unité de représentation des connaissances utilisée en particulier par les systèmes experts. La forme la plus simple est composée d'un ensemble conditions de la forme « Si condition1, condition2... » et d'un ensemble de conclusions de la forme « Alors conclusion1, conclusion2... ». Ce formalisme permet des raisonnements déductifs basés sur la logique des propositions.

RÉGRESSION

La régression est un ensemble de méthodes statistiques pour analyser la relation d'une variable par rapport à une ou plusieurs autres. La plus connue est la régression linéaire qui cherche à établir une relation linéaire. En apprentissage machine, on distingue les problèmes de classification et ceux de régression. Ainsi, prédire la valeur d'une variable est une régression alors que déterminer sa catégorie est une classification.

RENFORCEMENT

L'apprentissage par renforcement (*reinforcement learning*) est une classe d'algorithmes d'apprentissage basée sur l'expérience qui optimisent une récompense au court du temps. Parmi les premiers algorithmes, citons le TD-Learning (*temporal difference learning*) proposé par Richard Sutton en 1988 (Sutton 1988) et le Q-learning de Chris Watkins en 1989 (Watkins 1992).

RÉSEAU

Un réseau est un ensemble d'éléments interconnectés par des liens ou relations autorisant la circulation en mode continu ou discontinu d'informations.

RÉSEAU DE NEURONES

Un réseau de neurones artificiel est un réseau dont les éléments sont inspirés par les cellules nerveuses du cerveau. Le réseau est caractérisé par une architecture ou topologie qui définit son organisation. Les deux modèles les plus étudiés sont les réseaux multicouches et les réseaux récurrents totalement connectés.

RÉTROPROPAGATION

La rétropropagation (*backpropagation*) est le principe central d'un algorithme d'apprentissage supervisé pour les réseaux de neurones multicouches. L'algorithme modifie incrémentalement les poids synaptiques des neurones en rétropropageant l'erreur (plus précisément le gradient de l'erreur) que commet le réseau entre la sortie attendue et celle obtenue, de la couche de sortie vers la couche d'entrée. L'algorithme a fait l'objet de publications dès 1975 (Werbos 1975), puis en 1985 (LeCun 1985), mais ce sont les travaux de Rumelhart, Hinton et Williams en 1986

(Rumelhart 1986) qui suscitèrent le véritable début de l'engouement pour cet algorithme.

RNN

RNN est l'acronyme de *Recurrent Neural Network* ou « réseau de neurones récurent ». Il s'agit d'un réseau de neurones dont certaines sorties rebouclent sur les entrées d'autres neurones, contrairement à un réseau multicouches de type *feedforward*.

ROBOT

Un robot est un dispositif matériel autonome, mobile ou non, qui dispose de capteurs, d'actionneurs, et d'une intelligence lui permettant d'adapter ses comportements à son environnement.

ROBOTIQUE

La robotique (*robotics*) est la discipline scientifique qui étudie les robots. Le terme a été proposé par Isaac Asimov dans la nouvelle de science-fiction *Menteur !*, publiée en mai 1941 dans la revue *Astounding Science Fiction*.

S

SEARLE

John Searle est un philosophe américain spécialiste de philosophie du langage et de l'esprit. Il est connu en particulier pour ses prises de position contre la thèse de l'IA « forte ». Il est à l'origine de l'expérience de pensée de la pièce chinoise.

SKYNET

Skynet est l'IA d'origine militaire qui décide d'éliminer les humains dans la saga des films *Terminator* de James Cameron, qui débute en 1984.

SINGULARITÉ TECHNOLOGIQUE

La singularité technologique est l'hypothèse de l'apparition d'une IA super-intelligente suite à l'augmentation exponentielle du progrès technologique. La première mention de cette idée proviendrait d'une discussion entre John von Neumann (1903-1957) et Stanislaw Ulam (1909-1984). Plusieurs auteurs ont ensuite repris cette idée dont Irvin Good (1916-2009) et Vernor Vinge. Elle a été popularisée avec la parution de *The Singularity is Near* de Ray Kurzweil en 2005.

STOCHASTIQUE

Un processus stochastique est un processus aléatoire.

SUBSOMPTION

La subsomption est une relation d'inclusion entre des concepts, c'est-à-dire que le sens d'un terme inclut celui d'un autre terme. Dire qu'un animal subsume un mammifère revient à dire que tout mammifère est un animal. Rodney Brooks du MIT a proposé en 1986 une architecture réactive hiérarchique basée sur ce principe d'inclusion qui a influencé de très nombreux travaux en robotique et en IA temps réel (Brooks 1986).

SUPERVISÉ

L'apprentissage supervisé consiste à entraîner un dispositif, par exemple un réseau de neurones artificiels, en lui proposant des exemples sur ses entrées avec les sorties attendues associées. De cette manière, l'algorithme d'apprentissage peut modifier ses paramètres internes de manière à obtenir la sortie désirée.

SURAJUSTEMENT

Surajustement (*overfitting*) ou « surapprentissage ». C'est l'un des principaux problèmes en apprentissage machine. Il est en général provoqué par un mauvais dimensionnement du dispositif ou bien des données en trop petite quantité. Le dispositif a alors du mal à apprendre et à généraliser.

SVM

SVM est l'acronyme de *Support Vector Machine* ou « machine à vecteurs de support ». Il s'agit d'un ensemble de techniques d'apprentissage supervisé (Vapnik 1995). Ils sont destinés à résoudre des problèmes de discrimination et de régression.

SYLOGISME

Le syllogisme est la principale forme de déduction logique. Le plus célèbre des syllogismes est : « Tous les hommes sont mortels, Socrate est un homme, donc Socrate est mortel. »

SYMBOLE

Un symbole est un terme qui représente quelque chose d'autre par association. Contrairement au calcul numérique qui ne traite que de valeurs quantitatives, le traitement symbolique (*symbolic processing*) utilise des variables dont les valeurs peuvent être liées à des objets, catégories, concepts ou toute autre représentation nécessaire.

SYNAPSE

La synapse est une zone fonctionnelle d'un neurone biologique qui lui permet d'établir une connexion avec un autre neurone. Dans un neurone formel, une synapse correspond à une entrée pondérée par un coefficient appelé poids synaptique.

SYSTÈME EXPERT

Un système expert est un logiciel composé d'un moteur d'inférence, d'une base de connaissance, d'une base de faits jugés vrais, et d'une interface avec l'utilisateur. La base de connaissance est le plus souvent exprimée sous la forme de règles qui permettent d'effectuer des déductions logiques.

T

TENSEUR

Un tenseur est un objet mathématique général dont la valeur s'exprime dans un espace vectoriel et qui ne dépend pas d'un système de coordonnées particulier. Une manière simple, mais abusive, est de considérer qu'un tenseur est une généralisation à n indices d'une matrice carrée, celle-ci ne possédant normalement que deux indices (ligne et colonne). Les tenseurs sont à la base des mathématiques utilisées pour les réseaux de neurones.

TENSORFLOW

TensorFlow est une librairie logicielle pour le langage Python, entre autres, dédiée à l'apprentissage machine. Elle est développée par Google Brain depuis 2011, au départ pour des projets internes à Google, puis proposée en licence libre depuis 2015.

TORCH

Torch est une librairie logicielle libre basée sur le langage LUA et C pour développer des scripts. Les objets à la base de *Torch* sont des tenseurs. La première version date de 2002. Depuis 2015, *Torch* est utilisée entre autres par Facebook pour créer des outils et des applications d'apprentissage profond (*deep learning*) disponibles également en licence libre.

TRAITEMENT SYMBOLIQUE

Voir Symbole.

TRANSHUMANISME

Le transhumanisme est un mouvement culturel et intellectuel international prônant l'augmentation des capacités humaines grâce à la technologie. Les transhumanistes pensent qu'il faut remplacer l'homme actuel par un « post-humain » débarrassé des aspects néfastes de la condition humaine tels que la maladie ou la mort. Dans une version extrême, ils prônent le téléchargement de l'esprit dans un ordinateur afin de se débarrasser du corps biologique et devenir ainsi immortels.

TROIS LOIS DE LA ROBOTIQUE

Les trois lois de la robotique ont été proposées par l'écrivain de science-fiction américain Isaac Asimov dans son cycle des robots. Les trois lois sont les suivantes : (1) un robot ne peut porter atteinte à un être humain, ni, en restant passif, permettre qu'un être humain soit exposé au danger ; (2) un robot doit obéir aux ordres qui lui sont donnés par un être humain, sauf si de tels ordres entrent en conflit avec la première loi ; (3) un robot doit protéger son existence tant que cette protection n'entre pas en conflit avec la première ou la deuxième loi. Les lois d'Asimov ont une portée éthique (Heudin 2013).

TURING

Alan M. Turing (1912-1954) est un mathématicien et cryptologue anglais dont les travaux sur le problème de la décidabilité en arithmétique ont fondé les concepts de machine de Turing et de programme. Il est considéré comme le père de l'IA suite à ses propositions, en particulier le test de Turing visant à comparer l'intelligence d'une machine à celle d'un humain.

U

V

VANISHING GRADIENT

La disparition du gradient (*vanishing gradient*) est un problème récurrent de l'algorithme de rétropropagation du gradient pour les réseaux de neurones artificiels. Le principe étant itératif sur un grand nombre de données, le danger est que les modifications apportées (les gradients de l'erreur) deviennent trop petites par rapport aux poids synoptiques des neurones vers l'entrée. L'algorithme a alors du mal à converger vers son optimal.

W

WATSON

Watson est un ensemble d'outils IA développés par IBM et associé à un superordinateur accessible sous la forme d'applications dans un « cloud ». Watson s'est fait connaître suite à sa victoire au jeu télévisé *Jeopardy !* où il a battu les autres concurrents en 2011. Le nom « Watson » fait référence à Thomas Watson (1874-1956), dirigeant d'IBM de 1914 à 1956.

WEB SÉMANTIQUE

Le Web sémantique (*semantic Web*) est une extension du Web standardisée par le World Wide Web Consortium (W3C). L'expression a été inventée par Tim Berners-Lee. Il consiste à structurer et lier l'information sur Internet pour accéder simplement à la connaissance qu'elle contient déjà, avec comme format de base RDF (*Resource Description Framework*).

WEIZENBAUM

Joseph Weizenbaum est un informaticien germano-américain, professeur au MIT. Il est connu pour avoir créé en 1966 le premier « chatbot » nommé *Eliza* qui simulait un dialogue avec un psychothérapeute (Weizenbaum 1966).

X

Y

Z

12

Pour en savoir plus

Lectures recommandées

Bostrom, N., 2014. *Superintelligence : Paths, Dangers, Strategies*, Oxford : Oxford University Press.

Heudin, J.-C., 2016. *Comprendre le Deep Learning – Une introduction aux réseaux de neurones*, Paris : Science eBook.

Heudin, J.-C., 2014. *Immortalité numérique – Intelligence artificielle et transcendance*, Paris : Science eBook.

Heudin, J.-C., 2013. *Les 3 lois de la robotique – Faut-il avoir peur des robots ?*, Paris : Science eBook.

Kurzweil, R., 2005. *The Singularity Is Near: When Humans Transcend Biology*, Londres : Penguin Books.

Références

Ackley, D.H., Hinton G.E, Sejnowski, T.J., 1985. A Learning Algorithm for Boltzmann Machines, *Cognitive science*, Elsevier, vol. 9, n. 1, 147–169.

Bengio, Y., 2009. Learning Deep Architectures for AI, *Foundations and Trends in Machine Learning*, vol. 2, n. 1, 1–127.

Berners-Lee, T., 2001. The Semantic Web, *Scientific American Magazine*, 17 mai 2001.

Boole, G., 1854. *Les Lois de la pensée*, Paris: Vrin, coll. Mathesis.

Breazeal, C., 2002. *Designing Sociable Robots*, Cambridge: The MIT Press.

Breiman, L., 2001. Random Forests, *Machine Learning*, vol. 45, 5–32.

Brooks, R., 1986. A Robust Layered Control System for a Mobile Robot, *IEEE Journal of Robotics and Automation*, vol. 2, n. 1, 14–23.

Church, A., 1941. The Calculi of Lambda-Conversion, *Annals of Mathematics Studies*, Princeton: Princeton University Press.

Colmerauer, A., Roussel, P., 1992. *La naissance de Prolog*, Rapport Faculté des Sciences de Luminy.

Dean, J., Ng, A., 2012. *Using Large-scale Brain Simulations for Machine Learning and A.I.*, Official Google Blog, 26 juin 2012.

Deng, J., Dong, W., Socher, R., Li, L.J., Li, K., Fei-Fei, L., 2009. Imagenet: A Large-scale Hierarchical Image Database. *Proceedings of the Computer Vision and Pattern Recognition Conference*, IEEE.

Dobzhansky, T., 1967. *The Biology of Ultimate Concern*, New York: The new American library.

Eccles, J.C., 1994. *Évolution du cerveau et création de la conscience*, Paris: Flammarion.

Edelman, G.M., 1992. *Biologie de la conscience*, Paris: Odile Jacob.

Feigenbaum, E.A., Feldman, J., 1963. *Computers and Thought*, McGraw-Hill.

Feigenbaum, E., Buchanan, B.G., Lederberg, J., 1971. On Generality and Problem Solving: A Case Study Using the Dendral Program, *Machine Intelligence*, vol. 6, Edinburgh: Edinburgh University Press, 165–190.

Fukushima, K., 1980. A Self-organizing Neural Network Model for a Mechanism of Pattern Recognition Unaffected by Shift in Position, *Biological Cybernetics*, vol. 36, n. 4, 93–202.

Good, I.J., 1965. Speculations Concerning the First Ultra-intelligent Machine. *Advances in Computers*, vol. 6, New York: Academic Press, 31–88.

Goodfellow, I.J., Pouget-Abadie, J., Mirza, M. Xu, B., Warde-Farley, D., Ozair, S. Courville, A., Bengio, Y., 2014. *Generative Adversarial Networks*, arXiv:1406.2661.

Gould, S. J., Eldredge, N., 1977. Punctuated Equilibria: The Eempo and Mode of Evolution Reconsidered, *Paleobiology*, vol. 3, n. 2, 115-151.

Graves, A., Wayne, G., Danihelka, I., 2014. *Neural Turing Machines*, arXiv:1410.5401.

Hebb, D.O., 1949. *The organization of behavior: A Neuro-psychological Theory*, New York: Wiley.

Heudin, J.-C., 2008. *Les créatures artificielles*, Paris: Odile Jacob.

Heudin, J.-C., 2015. A Connexionist Model for Emotions in Digital Agents, *Proceedings of 8th International Conference on Agents and Artificial Intelligence*, 272–279.

Hillis, W.D., 1989. *The Connection Machine*, Cambridge : The MIT Press.

Hinton, G. E., Osindero, S., Teh, Y. W., 2006. A Fast Learning Algorithm for Deep Belief Nets, *Neural Computation*, vol. 18, n.7, 1527–1554.

Hinton, G. E., Srivastava, N., Krizhevsky, A., Sutskever, I., & Salakhutdinov, R. R., 2012. *Improving Neural Networks by Preventing Co-adaptation of Feature Detectors*, arXiv:1207.0580.

Holland, J.H., 1975. *Adaptation In Natural And Artificial Systems*, University of Michigan Press.

Hopfield, J.J., 1982. Neural networks and physical systems with emergent collective computational abilities, *Proceedings of Natural Academical Sciences*, Biophysics, vol. 79, 2554-2558.

Hochreiter, S., Schmidhuber, J., 1997. Long Short-Term Memory, *Neural Computation*, vol. 9, n. 8, 1735–1780.

Knight, T., Moon, D.A., Jack Holloway, J., Steele, G.L., 1979. *CADR*, MIT AI Lab memos, n. 528.

Kohonen, T., 1972. Correlation matrix memories, *IEEE Transaction on Computers*, C-21, 353-359.

Kohonen, T., 1982. Self-Organized Formation of Topologically Correct Feature Maps, *Biological Cybernetics*, vol. 46, 59–69.

Koza, J.R., 1992. Genetic Programming: *On the Programming of Computers by Means of Natural Selection*, Cambridge: The MIT Press.

Krizhevsky, A., Sutskever, I., Hinton, G. E., 2012. Imagenet Classification with Deep Convolutional Neural Networks, *Proceedings of Advances in Neural Information Processing Systems Conference*, 1097–1105.

Kurzweil, R., 2005. *The singularity is Near: When Humans transcend Biology*, New York: Viking.

Langton, C.G., 1989. Artificial Life, *Artificial Life*, SFI Studies in the Sciences of Complexity, vol. VI, Reading: Addison-Wesley, 1–47.

LeCun, Y., 1985. A Learning Scheme for Asymmetric Threshold Networks, *Proceedings of Cognitiva 85*, Paris, 599–604.

LeCun, Y., *et al.*, 1989. Backpropagation Applied to Handwritten Zip Code Recognition, *Neural Computation*, vol. 1, n. 4, 541–551.

LeCun, Y., Bengio, Y., Hinton, G., 2015. Deep Learning, *Nature*, vol. 521, n. 7553, 436–444.

Lindsay, R. K., Bruce G. Buchanan, B.G., Edward A. Feigenbaum, E.A., Lederberg, J., 1980. *Applications of Artificial Intelligence for Organic Chemistry: The Dendral Project*, McGraw-Hill.

McCarthy, J., Minsky, M., Rochester, N., Shannon, C.E., (1955). *A Proposal for the Dartmouth Summer Research Project on Artificial Intelligence*.

McCarthy, J., 1958. *An Algebraic Language for the Manipulation of Symbolic Expressions*, MIT AI Memo, n. 1, Cambridge.

McCarthy, J., 1960. Recursive Functions of Symbolic Expressions and Their Computation by Machine, *Communications of the ACM*, vol. 3, n.3, 184-195.

McCulloch, W. S., Pitts, W., 1943. Logical Calculus of the Ideas Immanent in Nervous Activity, *Bulletin of Mathematical Biophysics*, vol. 5, 115–133.

McDermott, Doyle, J., 1979. An Introduction to Non Monotonic Logic, *Proceedings of the 6th Intenational Joint Conference on Artificial Intelligence*, San Francisco: Morgan Kauffmann, 562–567.

Metropolis, N., Ulam, S., 1949. The Monte Carlo Method, *Journal of the American Statistical Association*, vol. 44, n. 247, 335–341.

Minsky, M.L., Papert, S., 1969. *Perceptrons*, Cambridge: The MIT Press.

Minsky, M.L., 1974. *A Framework for Representing Knowledge*, MIT AI Lab Memo, n. 306, Cambridge.

Minsky, M.L., 1986. *The society of mind*. New York: Simon and Schuster.

Moravec, H., 1998. When Will Computer Hardware Match the Human Brain? *Journal of Evolution and Technology*, vol. 1.

Newell, A., Shaw, J.C., Simon, H.A., 1957. Empirical Explorations with the Logic Theory Machine: A Case Study in Heuristics, *Proceedings West Joint Computer Conference*, 218–239.

Raina, R., Madhavan, A., Ng, A. Y., 2009. Large-scale Deep Unsupervised Learning Using Graphics Processors, *Proceedings of the 26th Annual International Conference on Machine Learning*, ACM, 873-880.

Rosenblatt, F., 1958. The Perceptron: A Probabilistic Model for Information Storage and Organization in the Brain, *Psychological Review*, vol. 65, n. 6, 386-408.

Rosenblueth, A., Wiener, N., Bigelow, J., 1943. Behavior, purpose and teleology, *Philosophy of Science*, vol. 10, 18.

Rumelhart, D.E., Hinton, G.E., Williams, R.J., 1986. Learning Representations by Back-propagating Errors, *Nature*, vol. 323, n. 6088, 533–536.

Searle, J.R., 1980. Minds, Brains and programs, *The Behavioral and Brain Sciences*, vol. 3, Cambridge University Press.

Shannon, C.E., 1948. A Mathematical Theory of Communication, *Bell System Technical Journal*, vol. 27, 379–423, 623–656.

Shannon, C.E., 1950. Programming a Computer for Playing Chess, *Philosophical Magazine*, ser. 7, vol. 41, n. 314.

Shapiro, E.Y., 1983. The Fifth Generation Project: a Trip Report. *Communications of the ACM*, vol. 26 n. 9, 637–641.

Shortliffe, E.H., Buchanan, B.G., 1975. A Model of Inexact Reasoning in Medicine, *Mathematical Biosciences*, vol. 23, n. 3–4, 351–379.

Silver, D., *et al.*, 2016. Mastering the game of Go with Deep Neural Networks and Tree Search, *Nature*, vol. 529, n. 7587, 484–489.

Simon, H.A., 1957. *Models of Man*, John Wiley.

Steinbuch, K., Widrow, B., 1965. A Critical Comparison of Two Kinds of Adaptive Classification Networks, *IEEE Transactions on Electronic Computers*, vol. EC-14, n. 5, 737–740.

Sutton, R.S., 1988. Learning to Predict by the Method of Temporal Differences, *Machine Learning*, vol. 3, 9–44.

Taigman, Y., Yang, M., Ranzato, M.A., Wolf, L., 2014. DeepFace: Closing the Gap to Human-Level Performance in Face Verification, *Proceedings of Computer Vision and Pattern Recognition Conference*, IEEE, 1701-1708.

Turing, A.M., 1937. On Computable Numbers with an Application to the Entscheidungsproblem, *Proceedings London Mathematical Society*, vol. 2, n. 42, 230-265.

Turing, A.M., 1947. Intelligent Machinery, *Mechanical Intelligence – Collected Works of A.M. Turing*, D.C. Ince (ed.),

North-Holland, 107-127.

Turing, A.M., 1950. Computing Machinery and Intelligence, *Ibid.*, 133-160.

Van Melle, W., 1984. EMYCIN: A Knowledge Engineer's Tool for Constructing Rule-Based Expert Systems, *Rule-Based Expert Systems: The MYCIN Experiments of the Stanford Heuristic Programming Project*. Reading: Addison Wesley.

Vapnik, V., 1995. *The Nature of Statistical Learning Theory*, New York: Springer-Verlag.

Varela, F., Thompson, E., Rosch, E., 1993. *L'inscription corporelle de l'esprit – Sciences cognitives et expérience humaine*, Paris: Le Seuil, coll. « La couleur des idées ».

Vinge, V., 1993. What is The Singularity?, Vision-21 NASA Symposium.

Watkins, C.J., Dayan, P., 1992. Q-learning, *Machine Learning*, vol. 8, 279–292.

Wiener, N., 1948. *Cybernetics, Control and Communication in the Animal and the Machine*, Cambridge: The MIT Press.

Werbos, P.J., 1975. *Beyond Regression: New Tools for Prediction and Analysis in the Behavioral Sciences*, Harvard University.

Weizenbaum, J., 1966. ELIZA: A Computer Program for the Study of Natural Language Communication Between Man and Machine, *Communications of the ACM*, vol. 9, n. 1, 36–45.

Widrow, B., Hoff, M.E., 1960. Adaptive Switching Circuits, *Proceedings IRE WESCON*, New York, 96-104.

Winston, P., 1979, *Artificial Intelligence*, Addison Wesley.

Zadeh, L.A., 1965. Fuzzy sets, *Information and Control*, vol. 8, n. 3, 338–353.

© Jean-Claude Heudin 2017

Du même auteur :

Les 3 lois de la robotique (2013)

Immortalité numérique (2014)

Les robots dans Star Wars (2015)

Comprendre le Deep Learning (2016)

Retrouvez l'auteur sur :

www.facebook.com/jcheudin

twitter.com/jcheudin

jcheudin.blogspot.com

www.science-ebook.com

© Science-eBook, Octobre 2017
http://www.science-ebook.com
ISBN 978-2-37743-000-0
Printed by CreateSpace

Manuel de survie

www.ingramcontent.com/pod-product-compliance
Lightning Source LLC
LaVergne TN
LVHW042335060326

832902LV00006B/189